I0707744

Frasario Italiano – Uzbeco

Prima edizione

Novembre 2024

Kirgizova Komila Kamolovna

Frasario italiano – uzbeco contiene le parole e frasi essenziali per la comunicazione dei cittadini italiani durante i loro viaggi di lavoro o turistici in Uzbekistan.

Le parole e frasi inserite nel frasario sono suddivise in temi e sotto ogni tema con le frasi pronte da utilizzare, segue il vocabolario dedicato a questo tema. Ove risultano le differenze importanti nei costumi, usanze e modi di fare tra i due popoli, i temi sono arricchiti da brevi spiegazioni o note per facilitare la comprensione e differenze culturali.

Independently Published
Composizione grafica: Riccardo Masala
Grafiche: Riccardo Masala / Mastura Kilicheva

Sommario - Mundarija

Prefazione – Muqaddima

Italia e Uzbekistan. Un legame forte secolare se non millenario tra L'Occidente e l'Oriente. Tutti sappiamo che i primi rapporti tra i nostri paesi risalgono ai periodi antichi. Già nel XIII secolo, ricordiamo i viaggiatori veneziani Matteo, Niccolò e Marco Polo e il loro lungo viaggio e tre anni di soggiorno tra Samarcanda e Bukhara. Dopo questo viaggio, Marco Polo nel suo trattato storico-geografico "Il Milione" dà una descrizione geopolitico-culturale completa dell'Asia Centrale, aprendo per l'Europa le nostre terre e descrivendo Bukhara – la città più maestosa dove abitano arabi di religione musulmana e ortodossa in pace, dove la tolleranza è a base di convivenza e cooperazione. Sempre nello stesso secolo, il missionario Pian del Carpine attraversa Syrdarya, passando per Khorezm durante il suo viaggio. Il viaggiatore romano del XVII secolo, Pietro della Valle, al suo rientro dall'Asia Centrale, descrive ai suoi compaesani la festa musulmana di Ruza Bayram, che si festeggia a fine di Ramadan. Il regista italiano Antonino Guerra, dopo il suo viaggio in Uzbekistan nel 1976 e le lunghe passeggiate tra i monumenti di Samarcanda, abbagliato da cotanta bellezza e forse, influenzato da ciò che ripeteva spesso, cioè, "La cupola turchese di Samarcanda è il cielo dei miei sogni", decide di girare il film "la fiaba d'Oriente".

La storia ricorda tanti altri nomi dei viaggiatori italiani nell'Uzbekistan odierno, nonché di scienziati d'origine uzbeca che hanno contribuito allo sviluppo di diverse materie in Europa. Ricordiamo che nel periodo di Rinascimento in Europa si iniziò a studiare i lavori di Mirzo Ulugbek, Al-Farobiy, Abu Ali ibn Sino, quest'ultimo noto in Europa come Avicenna e i lavori di tanti altri scienziati d'Oriente come "fondamenti dei materiali scientifici". Oggigiorno, nell'università più antica di Bologna è conservato anche "Il Canone della Scienza di Medicina di Avicenna".

Questi rapporti di lunghissima durata si sono ufficializzati il 24 marzo del 1992, con l'istituzione dei rapporti diplomatici tra la Repubblica Italiana e la neoformata Repubblica dell'Uzbekistan. È importante sottolineare che, negli ultimi anni, questi rapporti tra i due paesi si stanno consolidando sempre di più con l'aumento di collaborazioni in diverse sfere, promettendo le nuove prospettive di cooperazione stabile anche al livello governativo. Ad oggi, presso i Parlamenti dei due paesi sono stati formati dei "gruppi di amicizia" che stanno collaborando in maniera assidua. Aumenta l'interesse verso le nuove collaborazioni nelle sfere di commercio e investimenti. Per l'interesse mostrato da parte di diverse regioni italiane, abbiamo fondato dei consolati onorari in Italia. Si sono instaurate relazioni produttive con diverse organizzazioni economiche italiane come Confindustria, SACE, AICE e tante altre.

Notiamo con piacere anche l'aumento stabile del flusso turistico dall'Italia verso l'Uzbekistan, oltre alle cooperazioni tra le nostre università e l'apertura di filiali delle più importanti università italiane in Uzbekistan.

Un momento storico molto importante da ricordare: nel giugno 2023, per la prima volta nella storia, il Presidente della Repubblica dell'Uzbekistan, S.E. Shavkat Mirziyoyev è stato in Italia in visita ufficiale e durante la quale, tra i diversi accordi, è stata adottata "la Dichiarazione congiunta sullo stabilimento delle relazioni di partenariato strategico tra la Repubblica Italiana e la Repubblica dell'Uzbekistan". Nel medesimo anno, nel mese di novembre, il Presidente della Repubblica Italiana S.E. Sergio Mattarella si è recato in Uzbekistan con lo scopo di rafforzare la cooperazione e favorire il dialogo strategico tra i due Paesi.

Sempre nel 2023, nella città di Firenze abbiamo fondato il primo centro culturale uzbeco in Italia "Mirzo Ulugbek" che raduna i nostri compaesani, residenti in Italia organizzando diversi eventi per tenere vive le tradizioni uzbeche con cui siamo cresciuti e promuove la nostra cultura multinazionale e la nostra lingua in Italia.

In virtù del continuo aumento e la significativa intensificazione delle cooperazioni nelle diverse sfere e delle visite in entrami i paesi, parlando con il Presidente del centro culturale uzbeco, Komila Kirgizova siamo venuti alla conclusione che c'è una forte necessità di un frasario italiano - uzbeco per diminuire la barriera linguistica che, credo fermamente, contribuirà all'aumento di queste cooperazioni e collaborazioni tra le nostre istituzioni, gli imprenditori, allo scambio turistico e culturale. La nostra ambasciata è orgogliosa di far parte di un progetto così prezioso e importante che aiuterà i nostri amici italiani nell'essere più liberi nella comunicazione con i nostri cittadini e li renderà più indipendenti durante i loro soggiorni in Uzbekistan.

Da parte mia, esprimendo il desiderio e tutto l'impegno necessario nel portare i rapporti tra i nostri paesi a un nuovo livello e il mio orgoglio di rappresentare l'Uzbekistan in Italia in qualità di Ambasciatore Straordinario e Plenipotenziario della Repubblica dell'Uzbekistan in Italia,

Dott. Abat Fayzullaev

Premessa - So'zlashgich haqida

Cos'è un "frasario" linguistico, detto anche "prontuario"? A che cosa serve?
Non è meglio un dizionario che traduce da una lingua ad altra e viceversa e
contiene tutto in un volume?

Imparare qualsiasi lingua richiede anni di studio e pratica. E se noi ci occu-
piamo di tutto'altro nella vita che imparare le lingue e dobbiamo comunicare
con i nostri partner stranieri o viaggiamo in un paese per un breve tempo,
abbiamo la necessità di spiegarci nell'immediato ma non abbiamo tempo per
imparare la lingua del posto? Soprattutto in caso delle lingue appartenenti a
diversi ceppi linguistici, con diverse strutture grammaticali, dove la traduzione parola per parola non dà il significato atteso? A questo punto, è il frasario
che ci viene in aiuto, con la traduzione delle parole e le frasi più usate nel
quotidiano, nei diversi ambienti e nelle varie situazioni. Frasario è il risultato di uno scrupoloso lavoro destinato al popolo di una nazione che vuole
esprimersi nella lingua locale dove viaggerà, perché oltre alle parole e frasi
pronte, suddivise in temi, include, ove necessario, una breve spiegazione di
abitudine, costumi e modi di fare del popolo del paese di cui lingua è oggetto
di studio.

Per chiarire le caratteristiche della nostra lingua, ritengo importante dire due
parole sull'alfabeto della lingua uzbeca e qualche accenno grammaticale che
aiuterà a capire le peculiarità della lingua e all'uso facilitato di questo frasario.
Secondo l'albero genealogico delle lingue, la lingua uzbeca appartiene al sot-
togruppo "Karluk" del gruppo turco, appartenente alla famiglia delle lingue
altaiche.

L'alfabeto uzbeco latino, usato dopo l'alfabeto arabo nei primi del Novecento,
nel 1940 viene sostituito dall'alfabeto cirillico. E nel 1992, nella Repubblica
dell'Uzbekistan viene reintrodotto l'alfabeto latino.

Perciò oggi l'Uzbekistan sta vivendo l'ultimo stadio del passaggio all'alfabeto
latino dal cirillico, destinato a scomparire del tutto nell'uso quotidiano.

L'alfabeto uzbeco cirillico consiste di 31 lettere prestate dall'alfabeto russo, a
cui sono state aggiunte quattro che descrivono altrettanti suoni esistenti solo
nelle lingue turche. Per quanto riguarda l'alfabeto uzbeco latino, esso consiste di 29 lettere e di un apostrofo. In fonetica uzbeca si sottolineano 9 suoni
vocalici invece dei 6 esistenti, ma nel 1934 quando si sono formati l'alfabeto
moderno e la grammatica della lingua uzbeca per lo scritto, sono stati elimi-
nati alcuni suoni, ancor oggi esistenti in tutte le altre lingue turche. Si tratta
di alcune vocali racchiuse in meno fonemi vocalici. Più specificamente, in uzbeco esistono nove fonemi vocalici: /o/, /ʋ/, /u/, /ù/, /ı/, /i/, /a/, /ö/, /ü/ raccolti
in solo sei forme chiuse dei fonemi. Pertanto, la differenza tra questi fonemi

esistenti nel parlato ma scomparsi nello scritto ad oggi non è considerata rilevante e si nota leggermente nella pronuncia della comunità locale, ma non cambia il significato della parola.

Alfabeto uzbeco cirillico:

Аа Бб Вв Гг Дд Ее Ёё Жж Зз Ии Йй Кк Лл Мм Нн Оо Пп Рр Сс Тт Уу Фф Хх Цц Чч Шш Ъъ Ьь Ээ Юю Яя Ўў Ққ Ғғ Ҳҳ

Alfabeto uzbeco latino:

Aa Bb Dd Ee Ff Gg Hh Ii Jj Kk Ll Mm Nn Oo Pp Qq Rr Ss Tt Uu Vv Xx Yy Zz Oʻoʻ Gʻgʻ Shsh Chch Ngng ʻ

L'apostrofo [ʻ] sostituisce "ъ" prestato dall'alfabeto russo.

Per quanto riguarda la struttura del frasario, considerando la mia formazione professionale, ho deciso di tradurre le frasi e i modi di dire, rispettando il susseguirsi delle parti delle frasi in tutte e due le lingue. Come, ad esempio, in italiano la frase consiste da: "**soggetto + predicato + oggetto**", in lingua uzbeca consiste da: "**soggetto + oggetto + predicato**". Pertanto, per facilitare la comprensione delle frasi pronte, con possibilità di formarne altre nuove usando diverse parole che seguono sotto la suddetta frase, ho sottolineato con tre puntini la posizione delle parole da sostituire nella frase.

es.: Mi piace ...(**la mela**)... → Menga ...(**olma**)... yoqadi.

Nel frasario, si noterà la mancanza di una tabella a parte per indicare la pronuncia corretta delle parole uzbeche. Ciò è dovuto alla semplicità della lingua uzbeca a questo proposito. Cioè, in lingua uzbeca, l'accento, prevalentemente, si pone sull'ultima sillaba, tranne solo in caso di alcuni suffissi e desinenze che non prendono l'accento in nessun caso. Ad esempio: (-ta, -tacha, -gina, -dek, -day, -ov, -ova, -ku e altri):

"**-ta**": **beshta** [bèsh|ta]. Qui, "-ta"- descrive la quantità: cinque – besh, "cinque pezzi" → "besh**ta**".

"**-tacha**": **oʻntacha** [ˈòn|tacha]. Significa una quantità approsimativa: "oʻn**tacha**" → "decina".

"**-ku**": **oldiku** [ol|dì|ku]. Desinenza che esprime un dubbio che afferma il fatto: "oldi**ku**" → "**ma** lui/lei ha preso".

Visto che nei rapporti interpersonali gli uzbechi usano, per lo più, la forma di cortesia "Lei", anche nel suddetto frasario troveremo sempre l'uso di questa forma. Mentre per formare la frase con il pronome "tu", basta sostituire la desinenza del predicato, come nel presente indicativo: "siz" a "san". Esempio: "qila**siz**" (Lei fa) -> "qila**san**" (tu fai).

Un'altra specificità di questo frasario consiste nel fatto che, sotto ogni tema con le frasi pronte da utilizzare seguirà il vocabolario dedicato a questo tema.
Ringraziando la nostra ambasciata in Italia per la fiducia attribuitami nel creare questo frasario, spero di aver soddisfatto le aspettative e di dare il mio contributo nel facilitare la comunicazione tra i nostri popoli.

Komila Kirgizova

✿ Presentarsi – Tanishuv

Tranne gli incontri ufficiali, dove i partecipanti si danno la mano per salutare sia all'arrivo sia all'andata indifferentemente dal sesso o credo religioso, nelle situazioni più informali tra i parenti e amici, saluto differenzia secondo il sesso e età delle persone. Ad esempio, le donne si salutano abbracciandosi e baciando tre volte sulle guance, di solito iniziando dalla guancia sinistra dell'interlocutrice. Gli adulti baciano i bambini sulla fronte, come gesto di "protezione", mentre gli uomini si toccano tempie contro tempie come gesto di amicizia stretta o si abbracciano tra i parenti. Mentre tra i conoscenti di vista e gli sconosciuti, tra uomini e donne, tra adulti di età avanzata e bambini, come anche il gesto di rispetto, si saluta in distanza con la mano destra sul cuore e un sorriso. E nell'ultimo caso, sta alla persona più grande di età e lo status, decidere se dare la mano per salutare o no.

Buongiorno!	-	Assalomu aleykum!
Buona mattina!	-	Xayrli tong!
Buon pomeriggio!	-	Xayrli kun!
Buonasera!	-	Xayrli kech!
Buona notte!	-	Xayrli tun!
Ciao! Salve!	-	Salom!

✂ "Salom" è una variante molto colloquiale del saluto che si usa, per lo più, tra i giovani con poca differenza di età tra di loro o conoscenti stretti.

Io	-	Men
Sono	-	...man
Signor ...	-	Janob ...
Signora, signorina	-	... xonim
Mi permetta di presentarLe	-	Sizga ... tanishtirishimga ijozat bergaysiz!
Le (ti) presento	-	Tanishing
Mi permetta di presentarLe	-	Sizga tanishtirishimga ijozat bergaysiz
Le (ti) presento	-	Tanishing

✂ Secondo le tradizioni uzbeche si dà del Tu, solo tra i coetanei e verso chi è più piccolo di età, esempio, per strada, a scuola, in famiglia. Mentre, iniziando dall'istruzione universitaria fino all'ambiente lavorativa, nelle presentazioni, oltre alle conversazioni tra i due sconosciuti, per esprimere il rispetto e "distanza", si usa la forma di cortesia.

Il signor ...	-	Janob ...
La signora/la signorina ...	-	... xonim
Mia moglie	-	Mening rafiqam
Mio marito	-	Turmush o'rtog'im
Vi conoscete?	-	Tanishmisizlar?
Sono lieto di conoscerLa	-	Siz bilan tanishganimdan xursandman
Conoscerti	-	Sen bilan tanishganimdan xursandman
Conoscervi	-	Sizlar bilan tanishganimdan xursandman
Sono di ...	-	...danman
Italia	-	Italiya
Uzbekistan	-	O'zbekiston
È la mia (nostra) prima (seconda) visita nel vostro paese	-	Bu mening (bizning) yurtingizga birinchi (ikkinchi) kelishim(iz)
<u>Sono venuto</u> per affari/ come turista(i)/ su Invito	-	<u>Men</u> ish yuzasidan/sayyoh sifatida/taklifga ko'ra <u>kelganman</u>
Siamo venuti per affari/ come turista(i)/ su invito	-	<u>Biz</u> ish yuzasidan/sayyoh sifatida/taklifga ko'ra <u>kelganmiz</u>
Quanti anni ha (hai)?	-	Necha yoshdasiz (yoshdasan)?
Io ... anni	-	Men ... yoshdaman
Lei è sposato?	-	Oila qurganmisiz?
Sono ...	-	Men ...man
Sposato(a)	-	Oilali
Celibe(nubile)	-	Bo'ydoq
Vedovo(a)	-	Beva
Divorziato(a)	-	Ajrashgan
Ha (hai) ...?	-	...ngiz (ng) bormi?
Figli	-	Farzandlar
Fratelli	-	Aka-uka
Sorelle	-	Opa-singil
Ho ...	-	Menda ... bor
Un figlio/una figlia	-	bir o'g'lim/bir qizim
Due/tre figli	-	Ikkita/ uchta farzandim
Fratello maggiore	-	Aka
Fratello minore	-	Uka
Sorella maggiore	-	Opa
Sorella minore	-	Singil
Quanti anni ha ...?	-	... necha yoshda?

Sua figlia	-	Qizingiz
Suo figlio	-	O'g'lingiz
Lui (lei) ha ...	-	U ... yoshda
Che lavoro fa Lei?	-	Kim bo'lib ishlaysiz?
Sono ...	-	Men ...man
Imprenditore	-	Tadbirkor
Scrittore	-	Yozuvchi
Pittore	-	Rassom
Insegnante	-	O'qituvchi
Studente	-	Talaba
Dove lavora?	-	Qayerda ishlaysiz?
Dove studia?	-	Qayerda o'qiysiz?
Io lavoro in ...	-	Men ...da ishlayman
Una ditta (società)	-	Korxona
Una banca	-	Bank
Una casa editrice	-	Nashriyot uyi
In una scuola	-	Maktab
Io studio a ...	-	Men ...da o'qiyman
Scuola	-	Maktab
L'università	-	Universitet
Sono casalinga	-	Uy bekasiman

Formule di cortesia – Xushmuomalali murojaat

Nei rapporti con gli uzbechi, noterete sempre il gesto della mano sul cuore con il sorriso stampato sul viso, che può significare il rispetto, l'accordo con il interlocutore e/o l'ubbidienza a ciò che si è sentito.

Grazie!	-	Rahmat!
Grazie mille!	-	Katta rahmat!
Grazie per il regalo/di sera /per la cena	-	Sovg'a/ kecha/ kechki ovqat uchun rahmat
Prego	-	Arzimaydi
Non c'è di che!	-	Umuman arzimaydi!
Niente	-	Arzimaydi
Vorrei chiedere ...	-	So'rasam maylimi ...?
Mi dice, per favore, dove (quando, chi, come) ...?	-	Iltimos, menga, ... qayerda (qachon, kim, qanday) ligini ayta olasizmi?
Dove posso trovare ...?	-	Qayerdan ... topsam bo'ladi?

Si può fumare qui? - Bu yerda chekish mumkinmi?

Sì, prego - Ha, marhamat

Purtroppo, no - Afsuski, yo'q

🌼 Incontro – Uchrashuv

Gi uzbechi, in differenza dagli europei, sono orgoglioso di dire la propria età come anche un segno di un traguardo raggiunto. Perciò, alla vista delle persone più grandi di età, è prassi notare i giovani alzarsi per salutare e/o dare il posto sui mezzi di trasporto e chi riceve questo gesto, ringraziare e sedersi.

Guardate chi c'è! - Ko'zlarimga ishonmayman!

Non aspettavo di incontrarLa qui! - Sizni bu yerda ko'raman deb kutmagandim!

Il mondo è piccolo! - Qarang-a! Ana holos!

Come mai qui? - Nechuk bu yerlardasiz?

Come va? - Ishlaringiz yaxshimi?

Come sta/stai/state? - Qandaysiz/qandaysan/qandaysizlar?

Come sta la Sua famiglia? - Oilangiz yaxshimi?

Sono felice di vederLa - Sizni ko'rganimdan xursandman

• Possibili risposte:

Bene, grazie - Yaxshi, rahmat

Non c'è male - Bo'ladi

Così-così - O'rtacha

🌼 Congratulazioni, auguri – Tabriklar, tilaklar

Felicitazioni! Auguri! - Tabriklayman!

Le auguro che i Suoi sogni si realizzino! - Orzularingiz ushalsin!

Buon compleanno! - Tug'ilgan kuningiz muborak!

Buon Anno! Felice Anno Nuovo! - Yangi Yil muborak!

Buon Natale! - Rojdestvo muborak!

In bocca al lupo! - Omad yor bo'lsin!

Buon divertimento! - Vaqtni choq o'tkazing!

Buon riposo! - Xayrli hordiq! Yaxshi dam oling!

Buon viaggio! - Oq yo'l!

• Classica risposta agli auguri:

grazie!	-	Rahmat!
Grazie mille!	-	Katta rahmat!
Grazie, altrettanto!	-	Rahmat, sizga ham!

Invito – Taklif

” L'ospite è più importante del padre” – (mehmon otangdan ulug') narra uno dei detti più famosi uzbechi. Il detto rispecchia in pieno l'anima ospitale del popolo uzbeco. Non si deve rimanere sorpresi se, al primissimo incontro, si riceve l'invito per venire a pranzo o cena a casa dell'interlocutore uzbeco. Non abbiate dubbi che quei sorrisi sinceri dei piccoi e grandi della casa vi avvolgeranno e coccoleranno durante tutto il pasto a casa loro e vi rimarrà in perpetuo come uno dei ricordi più memorabili del vostro viaggio in Uzbekistan.

Le andrebbe di andare al cinema (ristorante) insieme?	-	Kinoteatrga (restoranga) birga borishga nima deysiz?
Lei è occupato stasera?	-	Bugun kechga bandmisiz?
Cosa farà domani?	-	Ertaga nimalar qilasiz?
Venga (venite) a trovarmi (trovarci)	-	Menikiga (biznikiga) keling (kelingizlar)
Sarò lieto/a di vederLa(vi)	-	Ko'rishishdan mamnun bo'laman Siz(sizlar) bilan ko'rishishdan...
Venite alla festa!	-	Bazmga kelingizlar!
Andiamo!	-	Ketdik!

• Possibili risposte:

Volentieri	-	Mamnunlik bilan
Con piacere!	-	Ba jonu dil!
Molto volentieri	-	Jonim bilan
Purtroppo, non posso	-	Afsus, ilojim yo'q
No, grazie	-	Yo'q, rahmat

Formule di conversazione – Suhbatlashuv iboralari

Richiesta di attenzione – E'tibor tortish

Scusi (Scusami)	-	Kechirasiz (kechirasan)
Senta! Senti!	-	Uzr! Qarab yuborasizmi?

• Possibili risposte:

Sì (mi dica)	-	Eshitaman
In cosa Le posso essere di aiuto?	-	Sizga qanday yordam bersam bo'ladi?

Chiedere informazioni, curiosita' – Ma'lumot so'rash, qiziqish:

Le piace qui?	-	Sizga bu yer yoqdimi?
Che impressione ha?	-	Qanday taassurotdasiz?
Com'è andato?	-	Qanday o'tdi?
Che tipo di persona è lui(lei)?	-	U qanday inson?
Come si chiama?	-	Ismi nima?
Che aspetto ha lui (lei)?	-	Uning ko'rinishi qanaqa?
Di cosa si tratta?	-	Gap nimada?
Cosa c'è?	-	Nima bo'ldi?
Lei non sa ...?	-	... haqida bilmaysizmi?

Spiegazioni – Aniqlik kiritish

Lei mi ha capito male	-	Meni noto'g'ri tushundingiz
Voglio dire che ...	-	Demoqchi bo'lganim ...
Il fatto è che ...	-	Gap shundaki, ...
Come ho detto prima	-	Avvalroq aytganimdek
In altre parole ...	-	Boshqacha aytganda ...
Mi capisce?	-	Gapimni tushundingizmi?

Formule di commiato – Xayrlashuv iboralari

Arrivederci!	-	Xayr!
Arrivederla!		
Ci vediamo	-	Ko'rishguncha

A presto	-	Tezda ko'rishguncha
Ciao	-	Xayr
Prenditi cura di te!		Salomat bo'ling!
Devo andare	-	Ketishim kerak
Sentirò la sua (vostra) Mancanza	-	Sizni (sizlarni) sog'inib qolaman
Spero che ci rivedremo	-	Yana ko'rishamiz, deb umid qilaman
I miei saluti a ...	-	... Salomlarimni yetkazing
Tutti i familiari	-	Barcha oilangiz a'zolariga
Sua moglie	-	Rafiqangizga
Sua madre	-	Onangizga

Curiosità: In uzbeco, alla fine dei saluti, si aggiunge "salomat bo'ling!" o "sog' bo'ling!" che si traduce come "sia sano/abbia una buona salute". Cioè, la frase finale non è "xayr" - "arrivederci" ma un buon augurio: "abbia una buona salute!"

Consenso, conferma – Rizolik, tasdiq

Sì, certo!	-	Ha, albatta!
Certo, sicuro	-	Shubhasiz ha
È proprio così	-	Xuddi shunday
Ha ragione Lei!		
Hai ragione tu!	-	Siz haqsiz!
Sen haqsan!		
Penso di sì	-	Shunday, deb o'ylayman
Temo di sì	-	Shunday, deb qo'rqaman
Pare che sia vero	-	Rostga o'xshaydi
Secondo me, sì!	-	Menimcha ha!
Sia come Lei desidera!	-	Siz istagandek bo'la qolsin!

Disaccordo, confutazione – Norozilik, inkor etish

Lei non è d'accordo?	-	Siz bu fikrga qo'shilmaysizmi?
No, non sono d'accordo	-	Yo'q, qo'shilmayman
Certamente no	-	Tabiiyki, yo'q
Al contrario!	-	Aksincha!
Assolutamente no	-	Mutlaqo yo'q
Non ci credo	-	Ishonmayman
Non sono sicuro	-	Ishonchim komil emas

Poco probabile - Bo'lishi dargumon
Dubito proprio - Gumonim bor
È difficile dire - Aytish juda qiyin

🞮 Parole e frasi interrogative – So'roq so'zlar va gaplar

Avete (Ha) bisogno? - Yordam kerakmi?
Che cosa è? - Bu nima?
Chi è? - Kim bu?
Chi? - Kim?
Come? - Qanday?
Con chi? - Kim bilan?
Cosa c'è? - Nima bo'ldi?
Cosa è successo? - Nima sodir bo'ldi?
Cosa fa (fate)? - ima qilyapsiz(lar)?
Cosa ha detto (Lei)? - Nima dedingiz?
Cosa vuole? - Nima istaysiz?
Cosa? Che cosa? - Nima?
Da dove? - Qayerdan?
Di chi è? - Kimniki?
Dove abita Lei? - Siz qayerda istiqomat qilasiz?
Dove andate? - Qayerga ketyapsizlar?
Dove si trova? - Qayerda joylashgan?
Dove siamo? - Qayerdamiz?
Dove? - Qayerda?
Verso dove? - Qayerga?
Lei ha ...? - Sizda ... bormi?
Perché? - Nega? Nima uchun?
Quale? - Qaysi?
Quando? - Qachon?
Quante volte? - Necha bor?
Quanto? - Qancha?

🞮 Richiesta, permesso – So'rov, ruxsat

Si può? - Mumkinmi?
Permesso? - Kirsam bo'ladimi?
Potrebbe darmi una mano - Menga yordam bera olasizmi?
(aiutarmi)?

Mi aspetta, per favore?	-	Meni kutib tura olasizmi, iltimos?
Posso ...?	-	... mumkinmi?
-fumare	-	-chekish
-vedere	-	-ko'rish
-sedere	-	-o'tirish
Attenda in linea	-	Liniyada qoling
Mi dia il Suo numero di telefono (indirizzo), per favore?	-	Iltimos, telefon raqamingizni (manzilingizni) bering
Mi potrebbe chiamare in ufficio (a camera/ a casa)	-	Idoram (xonam/uyim) raqamiga qo'ng'iroq qila olasizmi?
Tenga, per favore	-	Mana, marhamat
Certo	-	Albatta
Volentieri	-	Ba jonu dil
Con piacere	-	Mamnuniyat bilan
Va bene, Ok	-	Ho'p
No, non si può	-	Yo'q, mumkin emas
Ho paura che non si possa fare	-	Mumkin emas, deb qo'rqaman
Purtroppo, non posso	-	Afsuski, imkonim yo'q

Ringraziamento – Minnatdorchilik

Sono molto grato/a	-	Juda minnatdorman
Lei è molto gentile	-	Siz juda iltifotlisiz
Grazie mille	-	Ming rahmat, Katta rahmat*
Grazie per ...	-	... uchun rahmat!
Il favore	-	yaxshilik
L'ospitalità	-	mehmondorchilik
L'invito	-	taklif

Curiosità: in uzbeco esiste la traduzione parola per parola della frase "Grazie mille", anche se, per la cultura uzbeca si esprime "con grandezza del sentimento", perciò la frase più usata suona come "katta rahmat" - "un grande grazie".

Chiedere scusa – Uzr so'rash

Scusami	-	Kechirasan
Mi scusi	-	Kechirasiz

Devo scusarmi	-	Uzr so'rashim kerak
Non La volevo offendere	-	Sizni xafa qilmoqchi emasdim
Non se la prenda con me	-	Mendan xafa bo'lmang
Scusi se L'ho fatta aspettare	-	Kuttirganim uchun uzr
Scusi per il ritardo	-	Kechikkanim uchun uzr
Scusi per il disturbo	-	Bezovta qilganim uchun uzr
Scusi se La interrompo	-	Xalaqit berganim uchun uzr
Niente, tutto a posto	-	Hechqisi yo'q
Non è il caso di scusarci	-	Uzrga hojat yuq
Lasci stare	-	Quyavering
Non sono offeso/a	-	Xafa emasman
È una sciocchezza	-	Arzimas narsa bu

Supposizione – Taxmin

Forse	-	Balki
È possibile	-	Mumkin
Mi sembra	-	Menimcha
Supponiamo che ...	-	Aytaylik, ...
Succede	-	Bo'lishi mumkin

Gioia, contentezza – Quvonch, mamnunlik

Molto bene!	-	Juda yaxshi!
Benissimo!	-	Ajoyib!
Magnifico!	-	G'aroyib!
Che fortuna!	-	Qanday omad!
Sono veramente contento/a	-	Juda ham mamnunman
Perfetto	-	A'lo darajada!

Speranza – Umid

Spero ...	-	Umid qilamanki ...
		... deb umid qilaman
Speriamo ...	-	Umid qilamizki ...
		... deb umid qilamiz
Spero che sia così	-	Shunaqa deb umid qilaman
Speriamo bene	-	Umid qilamiz

Spero di rivederci	-	Qayta ko'rishamiz, deb umid qilaman
Spero di essere in tempo	-	Kechikmadim deb, umid qilaman
La speranza è l'ultima a morire!	-	Umid so'nggi bo'lib so'nadi

Dubbio – Gumon

Dubito proprio	-	Shubham bor
Chissà!	-	Kim biladi?!
Dio lo sa!	-	Xudo biladi! Olloh bilguvchi!
Non ci credo	-	Ishonmayman
Poco probabile	-	Bo'lishi dargumon
Sicuro/a?	-	Ishonchingiz komilmi?
È vero?	-	Rostmi? Rostdanmi?
Chi Gliel'ha detto?	-	Sizga buni kim aytdi?
Sul serio?	-	Chindanmi?
Non sono sicuro/a	-	Ishonchim komil emas
Non saprei proprio dire	-	Nima deyishga hayronman

Sorpresa, irritazione – Hayriyat, g'azablanish

Davvero?	-	Rostdanmi?
Non è possibile	-	Mumkin emas
Pensa te!	-	*Aql bovar qilmaydi!
Caspita!	-	Yo'g'e!
Guarda te!	-	Ana xolos! Qaraya!
Dio mio!	-	E Xudoyim!
Incredibile!	-	Yo tavba!
Che diavolo!	-	Jin ursin!
Ma scherza?	-	Hazillashmang!
Come mai?	-	Nega axir?
C'è un limite ad ogni cosa!	-	Hamma narsaning chegarasi bor
Fatti gli affari tuoi!	-	O'z ishingni bil!
Basta così!	-	Bo'ldi, yetadi!
È una faccenda che non La riguarda!	-	Sizning bu ishga aloqangiz yo'q!
Aria! Fila! Vattene!	-	Yo'qol! Chiqib ket!

Curiosità: La frase "Pensa te!" si traduce in prima persona e suona come "non posso nemmeno immaginare"

🔷 Rincrescimento – Pushaymon

Mi dispiace	-	Afsusdaman
È un vero peccato	-	Attang!
Mi rincresce	-	Afsusdaman
Mi dispiace non avere possibilità di aiutarLa	-	Sizga yordam berish imkonim yo'qligidan afsusdaman

🔷 Avvertimento, minaccia – Ogohlantirish, tahdid

Attenzione!	-	Diqqat!
Bada!	-	Ogoh bo'ling!
Stia attento!	-	Ehtiyot bo'ling!
Non pentirti dopo!	-	Yana afsuslanib yurma keyin!

Arrivi e partenze (dei trasporti) – Transportda kelish va ketish

🔷 Stazione – Vokzal

In Uzbekistan la sicurezza dei luoghi, degli oggetti e delle persone è rigorosamente controllata. Pertanto, all'ingresso anche delle stazioni ferroviarie si passa il controllo di passaporti, persone e oggetti.

Da quale stazione parte il treno?	-	Poezd qaysi vokzaldan jo'naydi?
C'è un treno diretto per ...?	-	...ga to'g'ri boruvchi poezd bormi?
Da quale binario parte il treno per ...?	-	...ga boruvchi poezd qaysi platformadan jo'naydi?
Un biglietto di andata (e di ritorno) per ...	-	...ga borish (va qaytish) uchun bitta chipta
Dov'è il deposito bagagli?	-	Yuk saqlash xonasi qayerda?
Portabagagli	-	Yuk tashuvchi
Quanto manca alla partenza?		Ketishga qancha vaqt qoldi?
Ecco il mio biglietto		Mana mening chiptam
Ecco il mio bagaglio	-	Mana mening yukim
Esiste il vagone-ristorante?		Poezdning restorani bormi?
Dove si trova il bagno?		Hojatxona qayerda joylashgan?
Si può fumare qui?		Bu yerda chekish mumkinmi?

Vorrei ...	... istayman
-un tè	-choy
-un caffè	-kofe
Qualcosa per mangiare	Tamaddi qilish/ yeyishga biror narsa
A che ora il treno arriva a ...?	Poezd ...ga soat nechchida yetib boradi?

Vocabolario

Ferrovia	-	Temir yoʻl
Biglietto di andata	-	Ketish chiptasi
Biglietto di ritorno	-	Qaytish chiptasi
Bagaglio	-	Yuk
Deposito bagagli	-	Yuk saqlash xonasi
Prenotare il biglietto	-	Chiptaga buyurtma bermoq
Treno espresso	-	Tezyurar poezd
Linea ferroviaria	-	Temir yoʻl liniyasi
Prima classe		Birinchi klass
Seconda classe		Ekonom klass

Aereo – Samolyot

Sempre per motivi di sicurezza negli aeroporti uzbechi si accede dopo il controllo delle persone, documenti e oggetti. Gli accompagnatori possono entrare solo nei casi di necessità evidente dei passeggeri in partenza. Considerando la situazione qui sotto, ho cercato di scegliere delle frasi e parole utili che potrebbero servire per spiegare eventuali esigenze e/o opinione personale in queste situazioni:

Dove posso prenotare il biglietto aereo?	-	Qayerda aviachiptaga buyurtma ... bersam boʻladi?
Mi potrebbe prenotare il biglietto?	-	Men uchun chiptaga buyurtma bera olasizmi?
È possibile prenotare il biglietto per telefono?	-	Chiptani telefon orqali buyurtirishning imkoni bormi?
Come posso telefonare alla rappresentazione di "UZBEKAIRWAYS"	-	"UZBEKAIRWAYS" vakiliga qanday qoʻngʻiroq qilsam boʻladi?
Ci sono voli per ...?	-	...ga reyslar bormi?

Samarcanda	-	Samarqand
Roma	-	Rim
Quando parte il prossimo volo per ...?	-	...ga keyingi samolyot qachon ...
È il volo diretto?	-	U to'o'g'ri uchadigan reysmi?
In quale aeroporto atterriamo?	-	Qaysi aeroportga qo'namiz?
A che ora devo essere all'aeroporto?	-	Soat nechida aeroportda bo'lishim kerak?
Come posso arrivare all'aeroporto?	-	Aeroportga qanday yetib olsam bo'ladi?
È già annunciato(a) ...?	-	...ni e'lon qilishdimi?
La registrazione	-	Ro'yxatdan o'tkazish
Il passaporto	-	Pasport
Il bagaglio	-	Yuk, bagaj
Posso prendere questa borsa con me?	-	Bu sumkani o'zim bilan olsam bo'ladimi?
Qual è l'uscita per il volo ...?	-	... reysining chiqish yo'lagi qaysi?
Dove sono i negozi duty-free?	-	Boj to'lovidan ozod etilgan do'konlar qayerda joylashgan?
Quanto devo pagare per il peso in più?	-	Ortiqcha yuk uchun qancha to'lashim kerak?
Quanti chili di bagaglio è incluso nel prezzo del biglietto?	-	Chipta narxiga necha kilo yuk kiritilgan?
Dov'è indicata l'ora di partenza?	-	Ketish soati qayerda berilgan?

Vocabolario

Aeroporto	-	Aeroport
Numero di volo	-	Parvoz raqami
L'imbarco	-	Bortga chiqish
L'annuncio dell'imbarco	-	Bortga chiqish e'loni
Registrazione	-	Ro'yxatga olish
Per fumatori	-	Chekuvchilar qismi
Per non-fumatori	-	Chekmaydiganlar qismi
Peso in più	-	Ortiqcha og'irlik
Carta d'imbarco	-	Bortga chiqish taloni
Hostess	-	Bort kuzatuvchisi
Posto	-	O'rindiq
Cintura di sicurezza	-	Xavfsizlik kamari

✤ Frontiera, visto – Chegara, viza

Il 1° febbraio 2019 è entrato in vigore l'esenzione dal visto d'ingresso per i cittadini italiani per un soggiorno fino a 30 giorni in Uzbekistan e dall'inizio 2024, anche l'obbligo di conservare la ricevuta cartacea della registrazione fatta presso gli alberghi è stata abolita, perché tutto viene trasmesso in via telematica da parte degli alberghi. A questo punto, alla frontiera, il controllo dei passaporti è diventato molto veloce.

Ecco il mio passaporto	-	Mana pasportim
Ho il passaporto diplomatico	-	Menda diplomatik pasport
Sono cittadino/a di ...	-	Men ... fuqarosiman
Italia	-	Italiya
Uzbekistan	-	O'zbekiston
I figli sono registrati nel passaporto di mia moglie	-	Farzandlarim rafiqam pasportiga kiritilgan
Ho il visto ...	-	Mendagi vizaning turi ...
di transito	-	Tranzit viza
di entrata	-	Kirish vizasi
multiplo	-	Ko'p kirishli viza
Il Suo visto è scaduto	-	Vizangizning amal qilish muddati tugagan
Il Suo visto sta per scadere, deve provvedere al rinnovo	-	Vizangizning amal qilish muddati tugash arafasida, uni yangilashingiz zarur
Lo scopo della mia visita è ...	-	Tashrifimdan maqsad - ...
affari	-	Biznes
turismo	-	Turizm/ turistik sayohat
privato	-	Shaxsiy sabablarga ko'ra
per l'invito	-	Taklifnomaga binoan
Mi potrebbe aiutare a riempire questo modulo?	-	Bu shaklni to'ldirishga yordam bera olasizmi?
Di dov'è Lei?	-	Siz qayerdansiz?
Qual è lo scopo della Sua visita?	-	Safaringiz maqsadi nimadan iborat?

✤ Dogana - Bojxona

Non ho niente da dichiarare	-	Menda deklaratsiyani talab qiladigan buyum yo'q
Ecco il mio bagaglio	-	Mana mening yukim

Ho solo effetti personali	-	Menda faqat shaxsiy narsalarim bor
Devo pagare la tassa per questo?	-	Buning uchun boj to'lashim kerakmi?
Ho alcuni regali	-	Ayrim sovg'alar olganman
Ho ... dollari in contanti	-	O'zim bilan ... dollarim bor
Ho ...	-	Menda ... bor
Una stecca di sigarette	-	Bir blok sigaret
Una bottiglia di vino italiano	-	Bir italyan vinosi
Ha qualcosa da dichiarare?	-	Deklaratsiyani talab qiladigan buyumlar bormi?
Quante bottiglie di bevande alcoliche ha con Lei?	-	Nechta spirtli ichimlik olib kelgansiz?
Ha qualcosa di profumeria?	-	Atir-upalardan bormi?
Quanti pacchetti di sigarette ha?	-	Necha quti segaret olib kelgansiz?
Quanta valuta estera ha con sé?	-	O'zingizda qancha chet el valyutasi bor?
Apra la valigia, per favore	-	Jamadoningizni ochishingizni so'rayman
Ci sono oggetti di altre persone dentro la Sua valigia?	-	Ichida boshqalarga tegishli narsalar bormi?

In albergo – Mehmonxonada

Registrazione – Ro'yxatdan O'tish

NOTA BENE! il conto dei piani parte dal numero 1 e non dal pianoterra. Ciò vuol dire che, quando in un albergo vi assegnano una camera al terzo piano, se fate le scale, dovete fermarvi al piano 2 e non al piano 3.

In quale albergo alloggeremo?	-	Qaysi mehmonxonaga joylashamiz?
Dove si trova l'albergo?	-	Mehmonxona qayerda joylashgan?
Ho bisogno di un albergo vicino al centro	-	Menga markazga yaqin mehmonxona kerak
Ho bisogno di un albergo a buon prezzo	-	Menga narxlari yaxshi mehmonxona kerak

Mi prenoti, per favore, una camera (due camere)! - Iltimos, menga bitta xona (ikkita) band qilsangiz!

A mio nome è stata prenotata una camera - Mening nomimga bitta xona band qilingan

Ho prenotato una camera ... - Men ... xona band qilganman

... via e-mail - ... elektron manzil (e-mail) orqali...

... tramite vostro server di prenotazione - ... mehmonxonangizning serveri orqali...

... per fax - ... faks orqali...

... tramite un'agenzia di viaggi - ... sayyohlik agentligi orqali...

Ecco la conferma - Mana tasdiq xati

Ecco il mio passaporto - Mana pasportim

Ho bisogno di una camera ..... - Menga ... xona kerak

... con un letto - ... bir to'shakli

... con due letti - ... ikki to'shakli

... suit - ... lyuks

In camera c'è ... ? - Xonada ... bormi?

... TV - ... televizor

... il frigo - ... muzlatgich

... mini-bar - ... mini-bar

Quanto costa una camera per una notte? - Xona bir oqshomga necha pul turadi?

Il prezzo include ...? - Xona narxiga ... kiritilganmi?

... colazione - ... nonushta

... piscina - ... hovuz

A che ora inizia la colazione? - Nonushta nechada boshlanadi?

A che piano è la mia camera? - Xonam nechanchi qavatda joylashgan?

La Sua camera è ... - Xonangiz ... joylashgan

... al piano terra - ... birinchi qavatda

... al primo piano - ... ikkinchi qavatda

... al secondo piano - ... uchinchi qavatda

È possibile avere una camera ...? - ... xonaning iloji bormi?

... a minor prezzo - ... arzonroq

... più silenziosa - ... sokinroq

Devo pagare subito o il giorno di partenza? - To'lovni hozir amalga oshirishim kerakmi yo ketadigan kunimmi?

Per quanti giorni pensa di prenotare? - Necha kunga band qilmoqchisiz?

Penso di fermarmi ...	-	... qolsam kerak
... per un giorno	-	bir kun
... per tre giorni	-	uch kun
... per due settimane	-	ikki hafta
... per un mese	-	bir oy

Servizi – Xizmatlar

Posso lasciare nella cassaforte ...	-	Seyfda .... qoldirsam bo'ladimi?
... questo	-	buni
Dove si trova ... ?	-	... qayerda joylashgan?
... -il cambio valuta	-	-pul ayrboshlash shaxobchasi
... -il deposito bagagli	-	Jamadonlar saqlash xonasi
... -l'ascensore	-	... lift
Svegliatemi alle cinque, per favore	-	Iltimos, meni soat beshda turg'izsangiz
Mi chiami, per favore, il facchino	-	Iltimos, menga yuk tashuvchini chaqirsangiz
Nella mia stanza non funziona ...	-	Xonamda ... ishlamayapti
... l'aria condizionata	-	havo sovutgich
... il televisore	-	Televizor
Vorrei ... questi abiti	-	Bu kiyimlarni ... kerak
...far pulire	-	tozalatishim
... far stirare	-	dazmollatishim
... far lavare	-	yuvdirishim
Quando sarà pronto?	-	Qachon tayyor bo'ladi?
Numero ..., per favore	-	...inchi xona, iltimos
Non ci sono messaggi per me?	-	Men uchun xabar yo'qmi?
Nessuno ha chiesto di me?	-	Meni hech kim izlamadimi?
Se mi chiameranno, io sono ...	-	Meni izlashsa, men ....da bo'laman.
... al ristorante	-	restoranda
... in camera	-	xonada
Rientrerò dopo le ...	-	Soat ...dan keyin bo'laman.
In che stanza è alloggiato il signor ...?	-	Janob ... qaysi xonaga joylashgan?

Partenza - Jo'nab Ketish

Parto oggi (domani) alle …	-	Men bugun (ertaga) soat …da jo'nayman.
Il conto, per favore	-	Hisobni bersangiz, iltimos
Vorrei pagare adesso	-	Hozir to'lamoqchiman
Mi chiami il taxi, per favore	-	Menga taksi chaqirtirsangiz, iltimos
Mi chiami la macchina domattina alle …	-	Menga ertaga ertalab soat …ga moshina buyurtirsangiz
Mi manda qualcuno per i bagagli, per cortesia?	-	Jamadonlarimni olishga odam yuborsangiz

In Città - Shaharda

Dove si trova ….?	-	… qayerda joylashgan?
… ufficio postale	-	pochta idorasi
… polizia	-	militsiya idorasi
… Registan	-	Registon
Come si fa per andare a …?	-	…ga qanday borsam bo'ladi?
… teatro	-	teatrga
… museo	-	muzeyga
Com'è meglio andare a …?	-	…ga qanday tezroq borsam bo'ladi?
… il centro storico della città	-	Shaharning tarixiy markaziga
… stadio Pakhtakor	-	…Pahtakor stadioniga
Mi interessa l'architettura urbana	-	Meni shahar arxitekturasi qiziqtiradi
Mi piace molto la vostra città	-	Menga shahringiz juda yoqadi

Chiedere Informazioni - Ma'lumot So'rash

Questo bus va fino a …?	-	Bu avtobus …gacha boradimi?
… mercato Ciorsu	-	…chorsu bozori
Museo delle arti applicate	-	Amaliy san'at muzeyi
Dov'è la fermata del bus più vicina?	-	Eng yaqin avtobus bekati qayerda joylashgan?
Dov'è la stazione di metropolitana?	-	Metro bekati qayerda joylashgan?

In quale senso devo andare?	-	Qaysi tarafga borishim kerak?
In questa direzione?	-	Shu tarafgami?
Io conosco la strada	-	Men yo'lni bilaman
Io non conosco la strada	-	Men yo'lni bilmayman
Sono straniero/a	-	Chet ellikman
Mi sono perso	-	Adashib qoldim
Mi può indicare sulla mappa?	-	Menga xaritadan ko'rsata olasizmi?
Mi scrive l'indirizzo, per favore?	-	Menga manzilni yozib bera olasizmi?
È vicino?	-	U yaqinmi?
È lontano da qui?	-	U bu yerdan uzoqmi?
É lontano per andare a piedi?	-	Piyoda borishga uzoqmi?
Si può prendere ...?	-	...da borsa bo'ladimi?
-il bus	-	avtobus
-la metropolitana	-	metro
Mi sa dire, come posso ritrovare mio albergo?	-	Mehmonxonamni qanday topishni ko'rsata olasizmi?
Scusi, cercavo...?	-	Kechirasiz, ...ni izlayotgandim?
... via ...	-	...ko'chasi
... ufficio ...	-	... idorasi
Come si chiama questa via?	-	Bu ko'chaning nomi nima?

Trasporti Pubblici - Jamoat Transportlari

Autobus - Avtobus

Dove si può comprare ...?	-	... qayerdan xarid qilsam bo'ladi?
... biglietto per autobus	-	... avtobusga chipta
... abbonamento mensile	-	... oylik chipta
Quanto costa il biglietto fino a ...?	-	... gacha chipta necha pul turadi?
Quante fermate ci sono fino a ...?	-	... nechta bekatdan keyin?
Qual è la prossima fermata?	-	Keyingi bekat qaysi?
In quale senso devo andare?	-	Qaysi tomonga qarab borishim kerak?
Dove devo scendere?	-	Qayerda tushishim kerak?

🪙 Metropolitana - Metropoliten

Il progetto della metropolitana di Tashkent, che oggi conta quattro linee e quarantotto stazioni, iniziò alla fine degli anni '60 del XX secolo di seguito al grandissimo terremoto che colpì la città nel 1966. Già nel 1984, quando fu aggiunta la seconda linea, la metropolitana di Tashkent fu proclamata al secondo posto per la sua bellezza tra le 6 esistenti in tutta l'Ex Unione sovietica e ancora oggi mantiene questo titolo con le sue stazioni finemente decorate con mosaico e maiolica a tema!

Ogni quanto passano i treni?	-	Metrolar har qanchada o'tadi?
Qual'è la prossima fermata?	-	Keyingi bekat qaysi?
Alla stazione ... uscita è a sinistra o a destra?	-	... bekatga chiqish chapdanmi yoki o'ngdanmi?
Che linea devo prendere per andare a...?	-	...ga borish uchun qaysi liniyaga o'tirishim zarur?
Lei scende a questa fermata?	-	Siz bu bekatda tushasizmi?

🪙 Taxi - Taksi

Dov'è il posteggio dei taxi?	-	Taksilar turargohi qayerda?
È libero?	-	Bo'shmisiz?
Taxi!	-	Taksi!
Mi porti ...	-	Meni ...ga olib boring
... all'albergo	-	... mehmonxona
... all'aeroporto	-	... aeroport
Sono in fretta	-	Juda shoshyapman
Si fermi qui, per favore	-	Shu yerda to'xtating, iltimos
Mi può aspettare, torno subito	-	Meni kutib tura olasizmi, darrov chiqaman
Quanto Le devo?	-	Qancha to'lov qilishim kerak?

Vocabolario

A destra	-	O'ngga(direzione), o'ngda (posizione)
A sinistra	-	Chapga (direzione), chapda (posizione)
Aeroporto	-	Aeroport
All'angolo	-	Burchakda
Andare	-	Bormoq

Andare a piedi	-	Piyoda bormoq
Attraversamento pedonale	-	Piyodalar o'tish yo'lagi
Autobus	-	Avtobus
Biglietto	-	Chipta
Capolinea	-	Bosh bekat
Fermata di partenza	-	Jo'nash bekati
Fermata di arrivo	-	To'xtash bekati
Casa	-	Uy
Centro di città	-	Shahar markazi
Coincidenza tra i trasporti	-	Avtobuslar uchrashuv bekati
Commissariato di polizia	-	Politsiya mahkamasi
Comprare biglietto	-	Chipta xarid qilmoq
Conduttore	-	Haydovchi
Controllore	-	Chipta tekshiruvchi
dritto	-	To'g'riga
Edificio	-	Bino
Entrare	-	Kirmoq
Entrata	-	Kirish
Fermarsi		To'xtamoq
Fermata	-	Bekat
Fermata a richiesta	-	Talabga ko'ra to'xtov
Gettone	-	Jeton
Incrocio	-	chorraha
Indirizzo	-	Manzil
La coda/ingorgo	-	Tirbandlik
La prossima fermata	-	Keyingi bekat
Linea della metropolitana	-	Metro bekati
Lontano	-	Uzoq
Marciapiedi	-	Piyodalar yo'lagi
Metropolitana	-	Metro
Monumento	-	Haykal
Multa	-	Jarima
Oggetti smarriti	-	Topilmalar idorasi
Ore di punta	-	Tig'iz soat
Parcheggio	-	Parkovka
Parco	-	Sayrgoh
Perdere la strada	-	Adashib qolmoq
Pianta/mappa	-	Xarita
Poliziotto	-	Politsiyachi hodimi
Ponte	-	Ko'prik

Posteggio dei taxi	-	Taksilar turargohi
Scala mobile	-	Eskalator
Scendere	-	Tushmoq
Sottopassaggio	-	Yer osti yo'li
Stazione	-	Vokzal
Stazione della metropolitana	-	Metro vokzali
Strada	-	Ko'cha
Svolta	-	Burilish
Toilette/bagno	-	Hojatxona
Uscita	-	Chiqish
Viale	-	Shox ko'cha
Vicino	-	Yaqin
Vicolo	-	Tor ko'cha
Voltare a destra (a sinistra)	-	O'ngga (chapga) burilish

I Pasti - Ovqatlanish

I pasti principali in Uzbekistan sono: colazione, pranzo, pausa tè e cena. La giornata inizia con una ricca colazione che consiste in piatti sia salati che dolci, il tè nero a vari gusti, succhi, spremute e il caffè che, per lo più, è solubile. Oggigiorno, in tanti ristoranti, caffetterie e alberghi delle grandi città, si può, tranquillamente, trovare anche il caffè italiano.

La ristorazione è un business molto diffuso e fruttuoso in Uzbekistan visto che è usato come uno dei modi più diffusi per incontri con i parenti, amici e colleghi, in ambiente rilassante e divertente.

L'abitudine di una ricca colazione ha portato all'apertura di ristoranti anche al mattino. Il riavvicinamento alla religione islamica e la pratica del digiuno hanno modificato gli orari di apertura di questi locali durante il Ramadan, che ora aprono prima dell'alba per consentire ai fedeli di fare colazione in anticipo rispetto all'inizio del digiuno e rimangono aperti fino a tarda notte.

Attenzione ai tipi delle ristorazioni. Esistono i ristoranti, trattorie, fast food del mercato e choyxona. Ristoranti hanno le stesse regole di qualsiasi ristorante al mondo, mentre è molto diffuso l'incontro, soprattutto, diurno presso i "choyxona" [chioykhona], che singnifica "casa da tè" che è, in realtà, un vero è proprio ristorante locale con i piatti esclusivamente del posto, cucinati nei tegamoni grossi e a legna, dove si ciba sui "tapchan" (uno spazio rialzato, fatto tutto in legno intarsiato, dove si mangia seduti sui materassi morbidissimi, riempiti di cotone, attorno ad un tavolino). È molto diffuso anche il fast food presso i mercati dove si può osservare la cottura – un vero masterclass di cucina e mangiare in piedi o seduti, secondo il piatto che si sceglie.

🕮 Colazione - Nonushta

Mi permetto di suggerire di degustare la tipica colazione o merenda estiva di Samarcanda che consiste nel succosissimo melone giallo del deserto a pezzetti assaporato con "Patir" o "Chapchak Non" caldo.

Patir (nei dialetti di Tashkent e la valle di Fergana detto anche "fatir") è il pane fatto di pasta sfoglia, lavorata con burro e decorato dagli stampi per il pane con disegni più fitti e si trova in tutto il paese. Nella valle, anche arrotolata con noci moscato o con verdure o con cipolla gialla.

Mentre Chapchak (detto anche "chakchak" o "sedana non") è un tipo di pane tipico della regione di Samarcanda, leggerissimo, leggermente croccante esternamente e morbido dentro, arrecchito con sedano bianco e il centro decorato dagli stampi per il pane.

Brioche	-	Briosh
Burro	-	Sariq yog'
Corn-flakes	-	Makkajo'xori
Formaggio	-	pishloq
Frittata	-	Omlet
Marmellata	-	Murabbo
Muesli	-	Mussli
Occhio di bue	-	Qovurilgan tuxum
Omelette	-	Omlet
Panino	-	Buterbrod
Panino ripieno	-	To'ldirilgan buterbrod
Panna	-	Qaymoq
Salame affumicato	-	Dudlangan kolbasa
Salame cotto	-	Qaynatilgan kolbasa
Salumi	-	Kolbasa mahsulotlari
Tè	-	Choy
Uovo	-	Tuxum
Succo	-	Sharbat
Yogurt	-	Yogurt

🕮 Ristorante - Restoran

Mi potrebbe consigliare un buon ristorante?	-	Menga yaxshi restoran maslahat bera olasizmi?
A che ora si apre?	-	Nechada ochiladi?
A che ora si chiude?	-	Nechada yopiladi?

Siamo in due (tre, quattro, cinque)	-	Biz ikki (uch, to'rt, besh) kishimiz
Vorrei un tavolo ...	-	Joyni ... xohlardim
All'angolo	-	Burchakda
Vicino alla finestra	-	Derazaga yaqin
Il menu, per cortesia	-	Menyu olib keling, iltimos
Non abbiamo scelto ancora	-	Hali tanlab bo'lmadik
Cosa mi consiglia di prendere antipasto?	-	Gazaklardan nima maslahat berasiz?
Cosa ci consiglia di carne?	-	Go'shtli taomlardan nimani maslahat berasiz?
Cosa mi consiglia di pesce?	-	Baliqdan nimani maslahat berasiz?
Vostra specialità?	-	Sizning maxsus taomingiz?
Mi porti la carta di vini, per favore	-	Vinolar menyusini olib kelsangiz
Io prendo ...	-	Menga ...
Io preferisco la cottura al sangue (media, cotta bene)	-	Men chala pishganni (o'rtacha pishganni, yaxshi pishganni) ma'qul ko'raman
Prego	-	Marhamat
Ancora un po'	-	Yana biroz
Grazie	-	Rahmat
Con piacere	-	Ba jonu dil
Sono a dieta	-	Parxezdaman
Io sono vegetariano/a	-	Vegetarianman
Il conto, per favore	-	Hisobni olib kelsangiz

Menù - Menyu

Nella cucina uzbeca gli antipasti variano tra diversi tipi di "insalate" di carne, verdure e pesce crude o cotte, assortimento di carne affumicati, salati, cotti o crudi, mentre i piatti principali si dividono ai "primi piatti", "secondo piatti" e "piatti unici".

Per "primi piatti" si intende, per lo più, i piatti più liquidi come brodi, zuppe e velluttate. I secondi consistono di piatti solidi di carne o pesce con contorni o, pasta cotta con diversi sughi o verdure. Per quanto riguarda i piatti unici, essi vengono chiamati così perché contengono sia la parte liquida, sia verdure, carne o pesce a cui si aggiunge pasta fresca durante la cottura e vengono serviti come "unico piatto principale" del tavolo.

La tavola uzbeca apparecchiata per gli ospiti, sorprende con i dolci, noccioline varie zuccherate o salate e tostate, oltre alla frutta secca serviti da subito, senza aspettare la fine dei pasti. Questo è un gesto caratteristico con cui si esprime il "benvenuto" e la gioia di vedere gli ospiti, ed è anche un'occasione per presentare l'abbondanza della frutta secca prodotta in loco.

Insalata	-	Salat
caviale	-	ikra
Antipasto di carne	-	Go'shtli assorti
Antipasto di formaggi	-	Pishloqli assorti
Insalata russa	-	Olivye
Pane	-	Non
sale	-	tuz
pepe	-	murch

Primi Piatti - Birinchi Taomlar

Brodo	-	Sho'rva
Zuppa con taglierini	-	Yupqa xamirli sho'rva
Piatti di pasta	-	Hamirli ovqat
Velluttata di ...	-	...li quyuq sho'rva
Sugo	-	Qayla

Secondi Piatti - Ikkinchi Taomlar

Pesce	-	Baliq
Carne di montone	-	Qo'y go'shti
Bistecca	-	Bifshteks
Polpette	-	Ko'fta, qiymali g'ilak
Carne bovina	-	Mol go'shti
Fegato	-	jigar
Carne di maiale	-	Cho'chqa go'shti
Carne di vitello	-	Buzoq go'shti
Carne di tacchino	-	Kurka go'shti
Carne di pollo	-	Tovuq go'shti
Carne di quaglia	-	Bedana go'shti
Stufato	-	Dimlama
Bollito	-	Qaynatma
Fritto	-	Qovurma
In umido	-	Pomidorli qaylada tayyorlangan

Contorno - Garnir

Patate Fritte	-	Qovurilgan
Purè	-	pyure
Piselli	-	Yashil no'xat
Cavolo	-	Karam
Sottaceti	-	Sirkada tuzlangan sabzavotlar
Pomodoro	-	Pomidor
Cetriolo	-	Bodring
Cetriolo in salamoia	-	Sho'r bodring
Cipolla	-	Piyoz
Fagioli	-	Loviya

Dessert - Shirinliklar

Nei ristoranti, a fine pasti, è un caso molto raro vedere ordinare i dolci cremosi e molto calorici perché di solito i piatti stessi sono molto abbondanti e sostanziosi, e questo tipo di dolci si mangia un po' lontano dai pasti principali, come durante "l'ora del tè" pomeridiano o con il tè verde qualche tempo dopo la cena.

Gelato	-	Muzqaymoq
Torta	-	Tort
Panna montata	-	Ko'pirtirilgan qaymoq
Assortimento di frutta tagliata	-	Mevali assorti

Per consultare la tabella relativa alla frutta, vedere pagina 33.

Bevande analcoliche – Spirtsiz ichimliklar

La tradizione del tè - Choy an'anasi!

Come avevamo già accennato nelle pagine precedenti, il tè è la bevanda principale in Uzbekistan. Il tipo di tè può variare: dal tè nero a quello verde, con infusi, aromatizzato alla frutta. Il concentrato di tè verde si usa per aiutare la digestione; quello più forte ha caratteristiche curative, come il cosiddetto "n.93", utile per abbassare drasticamente la pressione, perciò, molto usato durante le giornate molto calde e le sere prima di coricarsi per favorire il benessere a qualsiasi età.

tè	-	Choy
Tè verde	-	Ko'k choy
Tè nero	-	Qora choy
Tè con limone	-	Limonli choy
Acqua	-	Suv
Acqua gassata	-	Gazli suv
Succo di frutta	-	Mevali sok
caffè	-	qahva
Caffellatte	-	Sutli qahva
Cappuccino	-	Qaymoqli qahva
Cioccolata calda	-	Issiq quyuq kakao

Bevande Alcoliche - Spirtli Ichimliklar

vodka	-	Aroq
vino	-	Vino, musallas
... rosso	-	Qizil
... bianco	-	Oq
...da pasto	-	Shirinlikka mos
Secco	-	quruq
Whiski	-	Viski
cognac	-	Konyak
birra	-	Pivo
liquore	-	likyor
champagne	-	Shampan vinosi
brandy	-	brendi

Vocabolario

Bar	-	Kafeteriya
ristorante	-	restoran
Tavola calda		tamaddixona
aprirsi	-	ochilmoq
chiudersi	-	yopilmoq
invitare	-	Taklif qilmoq
assaggiare	-	Tatib ko'rmoq
colazione	-	nonushta
pranzo	-	tushlik
cena	-	Kechki ovqat
aperitivo	-	aperitiv

spuntino	-	tamaddi
Fare colazione	-	Nonushta qilmoq
pranzare	-	Tushlik qilmoq
cenare	-	Kechki ovqat yemoq
apparecchiare	-	dasturxon tuzash
sparecchiare	-	Dasturxon yig'ishtirish
bicchiere	-	Stakan, bokal
piatto	-	Idish, likop
ciotola	-	Kosa
tovaglia	-	Dasturxon
forchetta	-	Sanchqi, vilka
coltello	-	Pichoq
cucchiaio	-	qoshiq
cucchiaino	-	Qoshiqcha
Tovagliolo		Qo'l sochiq
Bottiglia	-	Shisha
Teiera	-	choynak
Tazza	-	Piyola
Sale	-	Tuz
Pepe	-	Murch
Zucchero	-	shakar
Salsa	-	Qayla
aceto	-	Sirka
Condimento	-	Ziravorlar
Cavatappi	-	Qapqoq ochgich
caffetiera	-	Qahva qaynatgich
servire	-	Xizmat ko'rsatmoq
dieta	-	Parxez
bevanda	-	Ichimlik
Cameriere/cameriera	-	ofitsiant
menu	-	menyu
preferire	-	Afzal ko'rmoq
cibo	-	taom
antipasto	-	Gazak
Primo piatto	-	Birinchi taom
Secondo piatto	-	Ikkinchi taom
Dolce/dessert	-	Shirinlik
Sapore	-	Ta'm
pane	-	Non
Gustoso/buono	-	mazzali

Amaro	-	nordon
Caldo	-	Issiq
freddo	-	Sovuq
fritto	-	qovurilgan
arrosto	-	Pechkada pishirilgan
Cotto a vapore		Bug'da pishirilgan
duro	-	Qattiq
affumicato	-	dudlangan
bollito	-	Qaynatilgan
sostanzioso	-	To'yimli
dolce	-	Shirin
salato	-	Sho'r
crudo	-	Xom
Cotto poco	-	Chala pishgan
piccante	-	Achchiq
insipido	-	Tuzsiz
ordinare	-	Buyurtma bermoq
Pagare il conto	-	Hisobni to'lamoq

Acquisti – Xarid

I numerosi grandi centri commerciali, grazie alla presenza dei negozi di marchi importanti, di spazi per pranzare e cenare, di parchi giochi e altri spazi interni per bambini, oggi attirano sempre più persone che hanno voglia di fare shopping. Anche se, ciò non diminuisce l'interesse e il piacere di andare ai grossi bazar tipici del posto che offrono una vasta scelta di indumenti, accessori e oggetti di casa per tutti i gusti e dove si mantiene l'usanza di trattare il prezzo.

Informazioni generali - Umumiy ma'lumot

Dove si trova ...?	-	... qayerda joylashgan?
La libreria più vicina	-	Eng yaqin kitob do'koni
Il negozio di giocattoli	-	O'yinchoqlar do'koni
Il negozio delle elimentari	-	oziq-ovqat do'koni
La pasticceria	-	Shirinliklar do'koni
La panetteria	-	Nonvoyxona
La macelleria	-	Qassobxona
La profumeria	-	Atir-upa do'koni
Il negozio di abbigliamento	-	Kiyim-kechak do'koni

A che ora si apre/si chiude il negozio? - Do'kon nechida ochiladi/yopiladi?

Dov'è la sezione ...? - ... bo'limi qayerda?

di profumeria - Atir-upa

Per gli uomini - Erkaklar

Per le donne - Ayollar

Per bambini - Bolalar

Per la casa - Uy anjomlari

Dove sono le camerine? - Kiyinish xonalari qayerda?

Dove si può comprare ...? - ... qayerda xarid qilsam bo'ladi?

Vorrei comprare ... - ... sotib olmoqchiman

Vorrei vedere ... - ... ko'rmoqchiman

Avete ...? - ... bormi?

Mi dà ..., per cortesia? - ... berasizmi, iltimos?

Quanto costa? - Necha pul turadi?

Avete busta di carta? - Qog'oz xaltangiz bormi?

Me lo incartate come regalo, per favore? - Sovg'a ko'rinishida o'rab bersangiz, iltimos!

Vocabolario

A buon prezzo - Yaxshi narxda

Acquisto - Xarid

Attillato - tor

Bottega - ustaxona

Cambiare - Almashtirmoq

Cassa - Kassa

Cassiere - Kassir

Commesso - Sotuvchi

Comprare - Sotib olmoq

conto - Hisob

Costare - Narx

Costoso - Qimmat

Di cotone - Paxtadan

Di lana - Jundan

di maglia - To'qilgan

Di pelle - Charmdan

Di seta - Ipakdan

Economico - Arzon

Elegante - Xushbichim

Etichetta	-	Yorliq
Fare acquisti/fare la spesa	-	Xarid qilmoq
Fresco	-	Yangi
Grandi magazzini	-	Universal do'konlar
Impacchettare	-	Qadoqlash/sumkalarga joylashtirish
Merce	-	Mahsulot
Moda	-	Urf
Modello	-	Namuna
Negozio	-	Do'kon
pagare	-	To'lamoq
Prendere le misure	-	O'lcham olmoq
Prezzo	-	Narx
Provare	-	Kiyib ko'rmoq
Qualità	-	Sifat
Reparto	-	Bo'lim
Scambiare	-	almashtirmoq
scegliere	-	Tanlamoq
Sconto	-	Chegirma
Sintetico	-	Sintetik matodan
Supermercato	-	Oziq-ovqat do'koni
Svendita	-	Chegirmali sotuv
Taglia	-	O'lcham
Vendere	-	Sotmoq
Venditore	-	Sotuvchi
vetrina	-	Do'kon oynasi

Negozio di generi alimentari - Oziq-ovqat do'konida

Mi dà, per cortesia, ...	-	... bersangiz, iltimos?
un chilo di ...	-	Bir kilo ...
un pacchetto di ...	-	Bir quti ...
mezzo chilo di ...	-	Yarim kilo ...
una bottiglia di ...	-	Bir shisha ...
una busta di ...	-	Bir to'rva
Avete nell'assortimento ...?	-	... assortimentda bormi?
Posso ordinare ...?	-	... buyurtma bersam bo'ladimi?

Frutta - Mevalar

Albiccoca	-	O'rik
Ananas	-	Ananas
Anguria	-	Tarvuz
Arancia	-	Apelsin
Banana	-	Banan
caco	-	Xurmo
Ciliegia	-	Gilos, olcha
dattero	-	Xurmo
Fragola	-	Qulupnoy
Lampone	-	Malina
Limone	-	Limon
macedonia	-	Mevali salat
Mandarino	-	Mandarin
Mela	-	Olma
mela cotogna	-	Behi
melograno	-	Anor
Melone	-	Qovun
Pera	-	Nok
Pesca	-	Shaftoli
Prugna	-	Olcha
Uva	-	uzum

Ortaggi - Sabzavotlar

Aglio	-	sarimsoq
Asparago	-	sarsabil
Barbabietola	-	Lavlagi
Broccolo	-	brokkoli
Carciofo	-	artishok
Carota	-	Sabzi
Cavolfiore	-	Gulkaram
Cavolo	-	Karam
Cece	-	No'xat
Cetriolo	-	Bodring
Cipolla	-	Piyoz
Fagiolo	-	loviya
Insalata	-	Salat bargi
Lenticchia	-	yasmiq

Mais	-	Makkajo'xori
Melanzana	-	Baqlajon
Oliva	-	Zaytun
Patata	-	Kartoshka
Peperone	-	Chuchuk garmdori
Peperoncino		Qalampir, garmdori
Pisello	-	No'xat
Pomodoro	-	Pomidor
Ravanello	-	turp
Sedano	-	selderey
Spinacio	-	shpinat
Zucca	-	qovoq
Zucchina	-	Qovoqcha, kabachki

Vocabolario

Acqua frizzante	-	Gazli suv
Acqua liscia	-	Gazsiz suv
Aringa	-	Seld balig'i
Birra	-	Pivo
Biscotti	-	Quruq shirinlik
Burro	-	Sariq yog'
Cacao	-	Kakao
Caffè solubile	-	Eruvchan kofe
macinato	-	Maydalangan
Cioccolato	-	Shokolad
Cipolla	-	Piyoz
Formaggio	-	Pishloq
Frutta	-	Meva
Gelato	-	Muzqaymoq
Gomma da masticare	-	Saqich
Latte	-	Sut
Legumi	-	Dukkakli ekinlar
Marmellata	-	Murabbo
Merluzzo	-	Treska
Mostarda	-	Xantal
Noce	-	Yong'oq
Ortaggi	-	sabzavotlar
Pane	-	Non
Panino	-	Buterbrod

Prosciutto	-	Cho'chqa kolbasasi
Salame affumicato	-	Dudlangan kolbasa
Salame inseccato	-	Quritilgan kolbasa
Sale	-	Tuz
Salmone	-	Qizil baliq
Salsiccia	-	Cho'chqa go'shtidan o'rama
Sardine	-	Mayda baliq, sardina
Sgombro	-	Skumbriya
Spezia	-	Ziravor
Tè	-	Choy
Uovo	-	Tuxum
Zucchero	-	Shakar

Centro commerciale - Savdo markazi

Dove si trova un centro commerciale?	-	Savdo markazi qyerda joylashgan?
A che piano si può trovare ...?	-	Qaysi qavatda ... topish mumkin?
Area giochi	-	O'yingoh
Gioielleria	-	Zargarlik buyumlari
profumeria	-	Atir-upa
Sono in ricerca di	-	... qidiryapman
Mi faccia vedere qualcosa ...	-	Menga ... ko'rsating
Di qualità migliore	-	Sifati yaxshirog'idan
di un altro colore	-	Boshqa ranglidan
Di più economico	-	Arzonrog'idan
Lo prendo	-	Buni olaman
Non mi piace	-	Menga yoqmadi
Vorrei restituire questo	-	Buni qaytarib bermoqchiman
Fa un po' di sconto?	-	Biroz chegirma qilasizmi?
Dov'è la cassa?	-	Kassa qayerda?

Articoli per bambini - Bolalar buyumlari

Avete reparto bambini?	-	Sizlarda bolalar bo'limi bormi?
Avete scarpe per bambini?	-	Bolalar uchun poyabzallar bormi?
Vorrei ..(1).. per un ragazzo/ragazza di ..(2).. anni	-	..(2)... yoshli bolaga ...(1)... qidirayotgandim

Avete altri modelli?	-	Boshqa turdagilari bormi?
Avrei bisogni dei giocattoli	-	O'yinchoqlar kerak edi
Ho bisogno di articoli per neonati	-	Yangi tug'ilgan chaqaloqlar uchun anjomlar kerak edi
Avete i videogiochi?	-	Video o'yinlar bormi?
Avete gli accessori per il bagnetto?	-	Bolani cho'miltirish anjomlari bormi?

Abbigliamento per adulti - Kattalar kiyimlari

Posso provarlo?	-	Kiyib ko'rsam bo'ladimi?
Dove sono i camerini?	-	Kiyinish xonalari qayerda?
Che taglia è?	-	O'lchami qanaqa?
Mi dia la misura L (S, M)	-	Menga bitta L (S, M) bering
È troppo ...	-	U juda ...
corto	-	kalta
lungo	-	uzun
largo	-	keng
stretto	-	tor
grande	-	katta
piccolo	-	kichkina
Di che materiale è?	-	Qanaqa matodan qilingan?
Si può lavare in lavatrice?	-	Kir yuvish moshinasida yuvsa bo'ladimi?

Vocabolario

Abito	-	Kiyim
accappatoio	-	Xalat sochiq
biancheria intima	-	Ich kiyimi/ ichki kiyim
calze	-	Kapron chulki
calzini	-	Paypoq
camicetta	-	Yengil kofta
Camicia	-	Erkaklar kuylagi
cappello	-	Bosh kiyim
Cappotto	-	palto
collant	-	To'r chulki
cravatta	-	Bo'yinbog'
cravatta a farfalla	-	Kapalaksimon bo'yinbog'
giacca	-	kurtka

Gilet - nimtaki
giubbotto - Kalta palto
gonna - yubka
Impermeabile - Suv o'tkazmas
jeans - Jinsi shim
maglia - sviter
maglione - qalin sviter
maglione di lana - Jun sviter
Mantello - Plash
mutande - ichkiyim
pantaloncini - Kalta shim
pantaloni - shim
pelliccia - Jun palto
pigiama - Tungi kiyim
reggiseno - Siynaband
sciarpa - sharf
Sottoveste - Ichki yubka
t-shirt - Sport kuylagi, futbolka

Calzature - Poyabzal

Vorrei delle scarpe da uomo - Erkaklar uchun poyabzal kerak
Vorrei stivali lunghi da donna - Ayollar uzun etigi kerak
Porto misura ... - Oyog'im o'lchami ...
Queste stringono - Bular qisyapti
Queste sono troppo larghe - Bular juda keng
Mi dia, per cortesia, la misura - Menda kattaroq/kichikroq
più grande/piccolo - o'lchamlidan bering
Questa misura va bene - Bu o'lcham to'g'ri keladi

Vocabolario

Pantofole - Shippak
Sandali - Yozgi ochiq poyabzal
Scarpe - Oyoq kiyimlar
Scarpe sportive - Sport oyoq kiyimlari
Stivaletti - Kalta etiklar
Stivali - Uzun etiklar

Profumeria - Atir-upa do'koni

Che profumi avete?	-	Qanday atirlar mavjud?
Avete profumi di ...?	-	... atiri bormi?
Quanto costa questo profumo?	-	Bu atir necha pul turadi?
Avete crema per il viso?	-	Yuz kremlaridan bormi?

Vocabolario

Acetone	-	Atseton
Brillante per le labbra	-	Lab bo'yog'i
Cipria	-	Upa
Cosmetici	-	Kosmetika
Crema per ...	-	... uchun krem
la pelle grassa	-	Yog'li teri
la pelle secca	-	Quruq teri
la pelle mista	-	Aralash turdagi teri
Crema abbronzante	-	Quyoshda qoraytiruvchi krem
Crema da barba	-	Soqol olish kremi
Deodorante	-	dezodorant
Fondotinta	-	Yuz pardozi uchun krem
Lacca per capelli	-	Sochga spreyli qotirgich
Lozione dopobarba	-	Soqol olingach terini yumshatuvchi krem
Mascara	-	Tush
Matita per gli occhi/labbra	-	Ko'z/lab qalami
Ombretto	-	Ko'z bo'yog'i/ ko'z teni
Rasoio per la barba		Soqol ustarasi
Profumo	-	atir
Rossetto	-	Lab bo'yog'i
Rossetto per guance	-	Yonoq bo'yog'i
Sale da bagno	-	Cho'milish tuzlari
Sapone	-	sovun
Shampoo	-	shampun
Smalto	-	Tirnoq bo'yog'i

🌼 Fiori - Gullar

Fioraio	-	Gulchi
Dove potrei comprare dei fiori?	-	Qayerda gullar sotib olsam bo'ladi?
Vorrei ...	-	... istayman
garofano	-	chinnigul
narciso	-	Nargis gul
orchidea	-	orxideya
peonia	-	Binafsharang peongul
tulipano	-	lola
Rose rosse	-	Qizil bog'gullar
Rose bianche	-	Oq bog'gullar
Quanto costa questo ...?	-	... necha pul turadi?
Mazzo di fiori	-	Guldasta
Cesto di fiori	-	Bir savat gul
Mi incarta questi fiori?	-	Bu gullarni o'rab berasizmi?
Avete il servizio di consegna in città?	-	Shahar bo'ylab yetkazish xizmati mavjudmi?

⌚ Orologeria, gioielleria - Soat do'koni, zargarlik do'koni

Dove si trova la gioielleria/orologeria?	-	Zargarlik/soatlar do'koni qayerda joylashgan?
Mi faccia vedere ...	-	... ko'rsating
Questa catenina	-	Bu zanjirni
Questi orecchini	-	Bu ziraklarni
Questa collana	-	Bu marjonni
Questo orologio da polso	-	Bu qo'l soatini
Vorrei un braccialetto	-	Bilakuzuk istayman
Questa spilla è d'oro o d'argento?	-	Bu taqinchoq tillodan qilinganmi yoki kumushdan?
Questo orologio è resistente all'acqua?	-	Bu soat suvga chidamlimi?
Si può incidere una dedica?	-	Tilak o'yib yozishning iloji bormi?

Vocabolario

Agata	-	Agat, aqiq
ambra	-	Kahrabo
Ametista	-	Safsar
Anello	-	Uzuk
Argento	-	Kumush
Avorio	-	Fil suyagi
Braccialetto	-	Bilak uzuk
Brillante	-	Olmos
Cinturino	-	Tasma
Ciondolo	-	Shokila, osilgan kulon
Collana	-	marjon
Dorato	-	Zarhal berilgan
Fermaglio	-	Soch qisgich
Gioielli	-	Taqinchoqlar
Orecchini	-	Halqa
Perla	-	Dur
Pietra preziosa	-	Qimmatbaho tosh
Platino	-	Oq oltin, platina
Portasigari	-	Sigaret qutisi
Rubino	-	Yoqut
Smeraldo	-	Zumrad
Spilla	-	To'g'nog'ich
Topazio	-	Topaz
Zaffiro	-	Sapfir

Telecomunicazioni - Telekomuloqot

Alle poste - Pochta binosida

Dove si trova la posta più vicina?	-	Eng yaqin pochta binosi qayerda joylashgan?
Per favore, quanto costa spedizione di questa lettera in Italia?	-	Iltimos, ushbu xatni Italiyaga yuborish narxini aytsangiz?
Vorrei spedire un pacco espresso	-	Ekspress pochta bilan yubormoqchiman
Vorrei spedire la lettera raccomandata	-	Buyurtmali xat yubormoqchiman

Vorrei spedire un pacco in ...	-	...ga pochta yubormoqchiman
Quanto costa spedire per posta regolare/per via aerea?	-	Oddiy pochta/havo yo'llari orqali pochta yuborish necha pul?
C'è "fermo posta" per me?	-	Mening nomimga pochta kelganmi?

Telefono, internet point - Telefon, internet xizmatlari

In questo paese che sta progredendo rapidamente, le telecomunicazioni si allineano a quelle dei paesi avanzati. Per restare collegati ci si affida sempre più alle connessioni personali, comunque, per chi ne avesse bisogno, esistono ancora internet point dove si può usare internet con pagamento a ore ed inviare i fax urgenti.

Pronto!	-	Allo! Eshitaman!
Sono ...	-	Men ...
Vorrei parlare con ...	-	... bilan gaplashishni istardim
Stavo cercando ...	-	Menga ... kerak edi
Mi potrebbe chiamare ...	-	...ni chaqirib yuborasizmi?
Parli più forte, non la sento!	-	Balandroq gapiring! Ovozingiz kelmayapti!
Richiamo più tardi!	-	Kechroq qo'ng'iroq qilaman
Resti in linea	-	Go'shakni qo'ymay turing
Attenda un momento, per favore	-	Iltimos, bir daqiqa kutib turing
Cosa gli/le devo dire?	-	Unga nima deyishim kerak?
Chiami alle ..., per favore	-	Soat ...da qo'ng'iroq qiling
Parli più lentamente	-	Sekinroq gapiring
Ha sbagliato numero	-	Raqamni adashtirdingiz
Posso fare una chiamata dal Suo telefono?	-	Telefoningizdan qo'ng'iroq qilib olsam maylimi?
Io dovrei inviare un fax	-	Men faks yuborishim kerak
In che paese e a quale numero?	-	Qaysi davlatga va qaysi raqamga?

Vocabolario

Indirizzo	-	Manzil
Indirizzo di ritorno	-	Qaytarish manzili
destinatario	-	Oluvchi
mittente	-	yuboruvchi

Plico/pacco	-	Pochta/banderol
Ricevuta, quietanza	-	kvitansiya
Busta	-	konvert
lettera	-	xat
francobollo	-	Shtamp, pochta markasi
Ufficio postale	-	Pochta binosi
Squillo	-	Telefon jiringlashi
comunicazione	-	aloqa
Segreteria automatica	-	avtomat
Tariffa di favore	-	Imtiyozli tariflar
cartolina	-	Tabrik varaqasi
Cassetta postale	-	Pochta qutisi
Elenco telefonico	-	Telefon raqamlar ro'yxati
Riempire il modulo	-	Shakl to'ldirish
Fare il numero	-	Raqamni termoq
Spedire una lettera	-	Hat jo'natish
Restare in linea	-	Aloqada qolish
cornetta	-	Telefon jumragi
Tariffa per chiamate interurbane	-	Shaharlararo qo'ng'iroq tarifi
Tariffe per le chiamate internazionali	-	Xalqaro qo'ng'iroqlar tariflari

Servizi di pronto intervento - Tez yordam xizmati

VIGILI DEL FUOCO	**101**
POLIZIA	**102**
PRONTO SOCCORSO	**103**
PRONTO SOCCORSO PRIVATO	**080**
SERVIZIO SOCCORSO FUMO E GAS	**104**

Frasi utili - Foydali iboralar

Mi permetta di fare una chiamata	-	Qo'ng'iroq qilib olsam maylimi?
Sono straniero/a	-	Men chet ellikman
Vorrei incontrare il console italiano	-	Men Italiya konsuli bilan uchrashishni istayman
Chiedo la presenza di un interprete	-	Tarjimon ishtirokini so'rayman
Ufficiale, mi può aiutare?	-	O'rtoq politsiyachi, yordamingiz kerak
Sono stato/a rapinato/a	-	Meni tunashdi
Mi hanno rubato ...	-	Mening ...ni tunab ketishdi
-i documenti	-	hujjatlarim
-i soldi	-	pullarim
Voglio informare di ...	-	... Haqida xabar bermoqchiman
-un furto	-	O'g'irlik
-essere stato picchiato	-	Meni urushgani
Un crimine	-	jinoyat

Assistenza medica - Tibbiy yordam

Non mi sento bene	-	O'zimni yomon xis qilyapman
Chiamate ...	-	... chaqirtiring
-un medico	-	shifokor
-il pronto soccorso	-	tez yordam
Portatemi all'ospedale più vicino	-	Meni eng yaqin shifoxonaga olib boring
Vorrei una visita dal ...	-	... ko'rigiga ehtiyojim bor
-chirurgo	-	Jarroh
-neuropatologo	-	Nevropatolog
-oculista	-	Ko'z shifokori
-terapeuta	-	Terapevt
Mi sono raffreddato(a)	-	Shamolladim
Ho ...	-	... xis qilyaman
-la tosse	-	Yo'tal
-la febbre	-	Yuqori harorat
-il raffreddore	-	shamollash
-un avvelenamento	-	zaharlanish
-un disturbo gastrico	-	Oshqozon buzilishi

Fa male ...	-	... og'riyapti
La testa		Kalla
Il braccio	-	Qo'l
Il cuore	-	Yurak
La gamba	-	Oyoq
Lo stomaco	-	Oshqozon
La gola	-	Tomoq
Ho la nausea	-	Ko'nglim ayniyapti
Ho i brividi	-	Titrab ketyapman
Ho l'insonnia	-	Uyqusizlikdan qiynalyapman
Non ho appetito	-	Ishtaxam yo'q
Mi sono ferito(a) alla gamba	-	Oyog'im shikastlangan
Sono allergico(a) a...	-	...ga allergiyam bor
odori	-	Hid
fiori	-	Gullar
medicina	-	Dori
Quanto devo pagare?	-	Necha pul to'lashim kerak?

• Probabili domande del medico:

Sizni nima bezovta qilyapti?	-	Cosa la disturba?
Qancha vaqtdan beri davom etyapti?	-	Da quanto tempo dura?
Oldin ham bezovta qilganmi?	-	Le è già capitato in precedenza?
Og'zingizni oching	-	Apra la bocca
Yurak urushini eshitib ko'rishimiz kerak	-	Dobbiamo sentire il battito di cuore
Bosimingizni o'lchab ko'raylik	-	Misuriamo la pressione
Chuqur nafas oling	-	Faccia un'ispirazione profonda
Nafasingizni saqlab turing	-	Trattenga il respiro
Bu yeringizga tegsam, og'riyaptimi?	-	Se tocco qui Le fa male?

Dall'oculista - Ko'z shifokori qabulida

Ho rotto i miei occhiali	-	Ko'z oynagimni sindirib qo'ydim
Sono astigmatico	-	Astigmatizmim bor
Sono miope	-	Uzoqni yaxshi ko'ra olmayman
Sono presbite	-	Yaqindan yaxshi ko'ra olmayman
Vorrei...	-	... istayman

Vorrei ...	-	...ni almashtirishni istayman
-cambiare la lente degli occhiali	-	Ko'z oynaklarim shishasini
-un astuccio per gli occhiali	-	Ko'z oynaklarim qolipi
-una montatura	-	Ko'zoynak hoshiyasi
Che montature avete?	-	Qanday turdagi ko'zoynak hoshiyalari bor?

🌀 Dal dentista - Tish shifokori qabulida

Ho ...	-	Meni .... bezovta qilyapti
Mal di denti	-	Tish og'rig'i
La gengiva gonfia	-	Shishgan milk
La gengiva sanguinante	-	Qonayotgan milk
Un dente rotto	-	Singan tish
L'otturazione che non regge	-	Tish plombasinig qimirlashi

• Probabile risposta del dentista:

Bu tishni olib tashlashimiz kerak	-	Dobbiamo estrarre questo dente
Plomba qo'yishimiz kerak	-	Dobbiamo otturare
Bu tish tomirini olishimiz kerak	-	Dobbiamo devitalizzare questo dente
Chayqab turing	-	Faccia degli sciacqui

🌀 Farmacia - Dorixona

Dove si trova la farmacia più vicina?	-	Eng yaqin dorixona qayerda joylashgan?
Avrei bisogno dei farmaci indicati in questa ricetta	-	Ushbu retseptdagi dorilarni olishim kerak
Quando sarà disponibile?	-	Qachon yetib keladi?
Quando sarà pronto?	-	Qachon tayyor bo'ladi?
È possibile comprare questa medicina senza ricetta?	-	Bu dorini shifokor retseptisiz xarid qilish mumkinmi?
C'è qualcosa di analogo?	-	Shunga o'xshashi bormi?
Mi da qualcosa contro... *	-	...ga qarshi biror dori bering

vedi pagina 48 per la lista delle possibilità

🦋 Vocabolario diviso per temi

🦋 Personale medico - Tibbiy xodimlar

medico	-	shifokor
Cardiologo	-	Kardiolog
Neuropatologo	-	Nevropatolog
Oculista	-	Ko'z shifokori
Oncologo	-	Onkolog
Otolaringoiatra	-	Quloq, burun, tomoq shifokori
Ginecologa	-	Ginekolog/Ayollar shifokori
Pediatra	-	Pediatr
Dentista	-	Tish shifokori
Terapeuta	-	Terapevt
Urologo	-	Urolog/Erkaklar shifokori
Chirurgo	-	Xirurg
infermiere	-	Feldsher
infermiera	-	hamshira

🦋 Parti del corpo - Badan qismlari

Addome	-	Qorin bo'shlig'i
Bocca	-	Og'iz
Capello	-	Soch
Caviglia	-	To'piq
Cervello	-	Miya
Collo	-	Bo'yin
Colonna vertebrale	-	Umurtqa pog'onasi
Corpo	-	Tana
Coscia	-	Son
Costola	-	Qovurg'a
Cuore	-	Yurak
Dente	-	Tish
Dito	-	Barmoq
Fegato	-	Jigar
Fianco	-	Yonbosh
Fronte	-	Peshona
Gengiva	-	Milk
Ghiandola	-	Qalqonsimon bez

Ginocchio	-	Tizza
Gola	-	Tomoq
Gomito	-	Tirsak
guancia	-	Yonoq
Intestino	-	Ichak
Labbro	-	Lab
Lingua	-	Til
Mano	-	Qo'l
Mento	-	Iyak
Milza	-	Taloq
Muscolo	-	Mushak
Naso	-	Burun
Natica	-	Dumba
Nervo	-	Nerv
Occhio	-	Ko'z
Orecchio	-	Quloq
Osso	-	Suyak
Palmo	-	Kaft
Palpebra	-	Qovoq
Pancia, ventre	-	Qorin
Pelle	-	Teri
Piede	-	oyoq
Polmone	-	O'pka
Rene	-	Buyrak
Sangue	-	Qon
Scapola	-	Kurak
Schiena	-	Bel
Seno/petto	-	Ko'krak
Sopracciglio	-	Kiprik
Spalla	-	Yelka
Stomaco	-	Oshqozon
Testa	-	Kalla/bosh
Unghia	-	Tirnoq
Vena	-	Tomir
Viso	-	Yuz

🕮 Malattie e dolori - Kasalliklar va og'riqlar

Alimentazione	-	Oziqlanish
Allergia	-	Allergiya
Alta pressione	-	Gipertoniya
Ambulanza	-	Tez yordam
Analisi	-	Tekshiruv
Appendicite	-	Ko'richak
Appetito	-	Ishtaxa
Ascesso	-	Yiring
Aspirazione	-	Havo chiqarish
Astigmatismo	-	Astigmatizm/xira ko'rish
Attacco cardiaco	-	Yurak xuruji
Avvelenamento	-	Zaxarlanish
Bassa pressione	-	Past qon bosimi
Bendare	-	Bog'lamoq
Bendatura	-	Bandaj
Bruciore di stomaco	-	Jig'ildon qaynashi
Cibo, alimento	-	Taom, oziqa
Costipazione	-	Qabziyat, ich qotishi
Cura/trattamento	-	Davo/muolaja
Curare	-	Davolamoq
Diarrea	-	Ich ketishi
Dolore	-	Og'riq
Dolore acuto	-	Qattiq og'riq
Essere operato	-	Jarrohlik amaliyotidan o'tishi kerak
Fare analisi	-	Tibbiy tahlillardan o'tmoq
Fare i raggi	-	Rentgen qildirmoq
Fare la dieta	-	Parxez qilmoq
Farmacia	-	Dorixona
Febbre	-	Yuqori harorat
Ferita	-	Yara
Gastrite	-	Gastrit
Impacco	-	Kompress
Infiammazione	-	Yallig'lanish
Influenza	-	Shamollash
Iniezione	-	In'eksiya
Inoculazione	-	emlash
Malattia	-	kasallik

Miopia	-	Yaqindan xira ko'rish
Misurare	-	O'lchash
Operazione	-	Jarrohlik amaliyoti
Ospedale	-	shifoxona
Poliambulatorio	-	Ko'p xizmatli tibbiyot bo'limi
Polmonite	-	Zotiljam / pnevmoniya
Polso	-	bilak
Presbiopia	-	Presbiopiya / ko'z xirralashishi
Pressione sanguigna	-	Qon bosimi
Raffreddore	-	Shamollash
Riscaldare	-	Isitmoq
Scheggia	-	Parcha / parchalanish
Schiena	-	bel
Sciacquatura	-	chayish
Sedare il dente	-	Anesteziya qilish
Slogatura	-	qayirilish
Soffrire	-	Azob yemoq
Spasmo	-	Og'riq
Stare a letto	-	To'shakda qolish
Studio medico	-	Tibbiy bo'lim
Svenimento	-	Xushdan ketish
Tonsille	-	Bodomsimon bezlar
Trauma	-	Shikastlanish
Udito	-	Eshitish qobiliyati
Ulcera	-	yara
Ustione	-	kuyish
Vertigine	-	Bosh aylanishi
Vista	-	Ko'rish qobiliyati
Vomito	-	qusish

Vari servizi pubblici - Turli xil ommaviy xizmatlar

Dal barbiere - Erkaklar sartaroshxonasida

Vorrei tagliarmi i capelli	-	Sochimni oldirmoqchiman
Dovrei fare la barba	-	Soqolimni oldirmoqchiman
Mi tagli i capelli ...	-	Sochimni ....
-più corti?	-	kaltaroq kessangiz
-non troppo corti?	-	uncha kalta kesmasangiz
Mi tagli un po' ...	-	.... biroz kaltartirsangiz

-di fronte	-	Oldini
-di fianco	-	Yonlarini
-di dietro	-	Orqasini
Mi faccia la riga ...	-	Chizig'ini ... tushursangiz
-in mezzo	-	o'rtasidan
-sulla sinistra	-	chap tomondan
-sulla destra	-	o'ng tomondan
Mi dia una sistemata a ...	-	.... Tartibga keltirsangiz
-i baffi	-	Mo'ylovimni
-la barba	-	Soqolimni
Mi metta ..., per favore	-	Iltimos, ... qo'ying
-un impacco caldo	-	issiq kompress
-un po' di gel	-	biroz gel
-una lozione	-	biroz losyon
-un po' di crema	-	biroz krem
-un dopobarba	-	terini tinchlantiruvchi krem

Dalla Parrucchiera - Erkaklar sartaroshxonasida

Vorrei prenotare una seduta per le ore ... oggi/domani	-	Bugun/ertaga, soat ... ga seans belgilatmoqchi edim
Vorrei ...	-	.... Kerak
-farmi lavare i capelli	-	Boshini yuvdirishim
-farmi la messa in piega	-	Sochlarimni turmaklash
-farmi tagliare i capelli	-	Sochlarimni kaltartirishim
Secondo Lei che taglio mi sta bene?	-	Sizningcha sochlarning qanday shakli menga yarashadi?
Per cortesia, mi tagli i capelli ...	-	Iltimos, sochlarimni .... kesing
-più Corti	-	kaltaroq
-con la scriminatura a destra/a sinistra	-	chizig'ini o'ngga/chapga qaratib
Vorrei avere i capelli ...	-	Sochlarimni ... istayman
-biondi	-	sariqqa bo'yashni
-castani	-	to'q mallaga bo'yashni
Fare la messa in piega	-	Turmaklash

Vocabolario

Acqua di colonia	-	odekolon
Baffi	-	Mo'ylov
Barba	-	Soqol

Barbiere	-	Sartarosh
Brillantine	-	Yaltiroq parchalar
Capelli	-	sochlar
Chignon	-	Sochlarni o'rama yig'ish
Collo	-	Bo'yin
Fare la barba		
-da solo	-	olmoq
-da qualcun altro	-	oldirmoq
Fon	-	Fen
Forbici	-	Qaychi
Impacco	-	kompress
La messa in piega	-	Turmaklash
Lacca	-	Qotiruvchi
Parrucca	-	Yasama soch
Parrucchiere	-	Sartarosh
Permanente	-	Ximiya qildirish
Pettinatura/acconciatura	-	Tartibga keltirish/turmaklash
Rasoio	-	Ustara
Shampoo	-	Shampun
Spazzola	-	Taroq
Tagliare i capelli	-	Sochlarni kaltartirmoq
Taglio	-	Kesish
Testa	-	Kalla, bosh
Tintura di capelli	-	Sochga rang berish

Centro di estetica - Go'zallik saloni

Dove si trova il centro estetico più vicino?	-	Eng yaqin go'zallik saloni qayerda joylashgan?
Mi faccia, per cortesia ...	-	Iltimos, menga ...
-la maschera al viso	-	yuz niqobidan qo'ying
-un massaggio al viso / al collo / alla testa	-	yuzim / bo'ynim / kallamni massaj qiling
-un trucco	-	Yuzimni pardozi qiling
-una manicure	-	Qo'lim tirnoqlariga ishlov bering
-un pedicure	-	Oyog'im tirnoqlariga ishlov bering
Vorrei uno smalto ...	-	... Turdagi tirnoq bo'yog'ini istayman

-incolore	-	Rangsiz
-chiaro	-	Och rang
-scuro	-	To'q rang
Mi toglie lo smalto, per favore	-	Tirnog'im bo'yog'ini o'chirib tashlang

Vocabolario

Ciglia	-	Kiprik
Cipria	-	Upa
Collo	-	Bo'yin
Crema	-	Krem
Detersione	-	Tozalash
Emulsione	-	Emulsiyalash
Forbici	-	Qaychi
Manicure	-	Manikyur, qo'l tirnoqlariga ishlov berish
Maschera	-	Niqob
Massaggio	-	Massaj
Pedicure	-	Pedikyur, oyoq tirnoqlariga ishlov berish
Smalto	-	Tirnoq bo'yog'i
Sopracciglia	-	Qosh
Trucco	-	Yuz pardoz
Unghia	-	Tirnoq
Viso	-	Yuz

Calzolaio - Etikdo'z

Ci sono dei calzolai nelle vicinanze?	-	Yaqin orada etikdo'z yo'qmi?
Potrebbe riparare ...?	-	.... tuzata olasizmi?
-le scarpe	-	Oyoq kiyim
-gli stivaletti	-	Kalta etik
-gli stivali	-	Uzun etik
Si è rotta la chiusura lampo	-	Qadag'ichi buzildi
Si è rotto il tacco	-	Poshnasi sindi
Mi cuce qui?	-	Bu yerini tikib berasizmi?
Io aspetto?	-	Kutib tursam bo'ladimi?

Quando sarà pronto?	-	Qachon tayyor bo'ladi?
Quanto costerà?	-	Narxi qancha bo'ladi?
Mi dà il lucido alle scarpe?	-	Poyabzal kremidan surtsangiz

Lavaggio a secco, lavanderia -Kimyoviy tozalash, kir yuvishxonasi

Dove posso trovare ...?	-	... qayerdan topsam bo'ladi?
Lavaggio a secco	-	Kimyoviy tozalash
Una lavanderia self-service	-	Mustaqil kir yuvishxonasi
Avrei bisogno di far lavare a secco questa giacca	-	Ushbu kostyumni kimyoviy tozalatishim kerak
Non inamidate la mia camicia, per favore	-	Iltimos, kuylagimni kraxmallamang
Che tipo di detersivo usate?	-	Qaysi turdagi kukundan foydalanasiz?
Quando sarà pronto?	-	Qachon tayyor bo'ladi?
Mi serve per venerdì	-	Menga juma kuniga kerak
Avete il servizio di consegna a domicilio?	-	Uyga yetkazish xizmatlaringiz bormi?

Attrazioni, tempo libero - Diqqatga sazovor joylar, bo'sh vaqt

Cinema - Kinoteatr

Vorrei andare a vedere un film	-	Biror filmga tushishni istayman
Cosa c'è al cinema stasera?	-	Bugun kinoteatrda nima berishadi?
Vorrei vedere ...	-	... ko'rishni istardim
-una commedia	-	Komediya
-un giallo	-	Jinoyat
-un thriller	-	triller
A quale cinema si proietta questo film?	-	Ushbu filmni qaysi kinoteatrda qo'yishadi?
E possibile raggiungere a piedi questo cinema?	-	Bu kinoteatrga piyoda borsa bo'ladimi?
Chi è ...?	-	... kim?

-il regista	-	Rejissyor
-il produttore	-	Prodyuser
Di che è la sceneggiatura?	-	Kim sahnalashtirgan?
Chi sono gli attori principali?	-	Bosh rollarni kimlar o'ynagan?
Ci sono i film in lingue straniere?	-	Chet tillarda beriluvchi filmlar bormi?
Vi è piaciuto il film?	-	Film sizga yoqdimi?

Vocabolario

Attore	-	Aktyor
Attrice	-	Ayol aktyor, aktrisa
Cartone animato	-	Multfilm
Cinema	-	Kinoteatr
Didascalia	-	Sarlavha
Diva	-	Mashhur aktrisa
Film avventuroso	-	Sarguzasht filmi
Film Commedia	-	Komediya
Film drammatico	-	Dramma
Film horror	-	Qo'rqinchli film
Film romantico	-	Romantik film
Film documentario	-	Hujjatli film
Frammento del film	-	Kinodan parcha
Operatore	-	Operator
Produttore	-	Prodyuser
Regista	-	Rejissyor
Produzione cinematografica	-	Filmni olish jarayoni
Sceneggiatura	-	Sahnalashtirish
Schermo	-	ekran
Sottotitoli	-	Subtitr

Teatro - Teatr

Cosa mi consigliate di vedere?	-	Nimani ko'rishni tavsiya qilasiz?
Mi dà il programma settimanale degli spettacoli, per favore?	-	Spektakllarning haftalik dasturini berasizmi?
Avete biglietti per ...?	-	...ga chiptalar bormi?
Mi dia due biglietti ...	-	...ga ikkita chipta bering
In platea	-	Pastki qator
Vicino al palcoscenico	-	Sahnaga yaqin
In balcone	-	Balkon

Quanto dura lo spettacolo?	-	Spektakl qancha davom etadi?
Quanto dura l'intervallo?	-	Interval qancha davom etadi?
Chi interpreta la parte di ...?	-	... rolini kim o'ynagan?
Come Le è sembrato lo spettacolo?	-	Spektakldan taassurotingiz?
Interessante	-	Qiziqarli
Buono	-	Yaxshi
Noioso	-	Zerikarli

Vocabolario

Acustica	-	Akustika
Antagonista	-	Salbiy qahramon
Applausi	-	Qarsaklar
Atto	-	Akt
Attore	-	Aktyor
Balcone	-	Balkon
Ballerina	-	Raqqosa
Balletto	-	Balet
Baritono	-	Bariton
Basso	-	Past
Biglietteria	-	Chipta kassasi
Biglietto	-	Chipta
Binocolo da teatro	-	Teatr durbini
Campanello	-	Qo'ng'iroq
Compositore	-	Bastakor
Debutto	-	Debyut
Decorazione	-	Bezatish
Direttore d'orchestra	-	Orkestr rahbari
Dramma	-	Drama
Fila	-	Qator
Guardaroba	-	Garderob
Interpreti	-	Rol o'ynovchilar
Intervallo	-	Interval
Manifesto	-	Afisha
Musica	-	Musiqa
Opera	-	Opera
Opera teatrale	-	Opera teatri
Palco	-	Sahna
Personaggio	-	Qahramon
Platea	-	Pastki qator

Posto	-	O'rin
Programma	-	Dastur
Protagonista	-	Bosh qahramon
Quinte	-	Parda
Regista	-	Rejissyor
Repertorio	-	Repertuar
Scena	-	Sahna ko'rinishi
Sipario	-	Parda
Spettacolo diurno	-	Kunduzgi spektakl
Spettacolo serale	-	Kechki spektakl
Spettatore	-	Tomoshabin
Teatro	-	Teatr
Teatro dell'opera	-	Opera teatri
Tenore	-	Tenor

Musei, pinacoteche - Muzeylar, san'at galereyalari

Vorrei visitare...	-	... muzeyiga borishni istayman
-il museo d'arte moderna	-	Modernizm san'ati
-il museo d'arte contemporanea	-	Zamonaviy san'at
-il museo di arti applicate	-	Amaliy san'at
-il museo di storia	-	Tarix
-il museo di archeologia	-	Arxeologiya
-la Pinacoteca	-	San'at galereyasi
Che tipo di mostre sono aperte in questi giorni?	-	Shu kunlarda qanaqa ko'rgazmalar ochiq?
I musei sono aperti tutti i giorni?	-	Muzeylar har kun ochiqmi?
Si può fotografare qui dentro?	-	Bu yerda rasmga olish mumkinmi?
Che tipo di arte La interessa di più?	-	Qaysi san'at turi sizni ko'proq qiziqtiradi?
Mi interessa ...	-	Meni ... qiziqtiradi
-la pittura	-	rassomchilik
-la scultura	-	haykaltaroshlik
Chi è l'autore?	-	Muallifi kim?
È un pittore famoso?	-	U mashhur rassommi?
Dove si può acquistare ...?	-	Qayerda ...ni xarid qilish mumkin
-l'album	-	albom
-il catalogo	-	katalog

Le riproduzioni	-	Asar nusxalari
A quale periodo appartiene l'autore?	-	Muallif qaysi davrga tegishli?
Ha mai organizzato delle mostre all'estero?	-	Chet elda ko'rgazma tashkillashtirganmi?

Vocabolario

Abbozzo	-	Qoralama nusxa, eskiz
Acquarello	-	Akvarel
Affresco	-	Devoriy naqshlar
Appartenere ad una scuola di ...	-	... maktabiga mansub
-arazzo	-	Gobelen
-architettura	-	Arxitektura
-arte	-	San'at
-arte antica	-	Qadimiy san'at
-arte applicata	-	Amaliy san'at
-arte contemporanea	-	Zamonaviy san'at
-arte figurativa	-	Tasviriy san'at
-arte orientale	-	Sharqona san'at
-arte popolare	-	Ommabop san'at
-arti decorative	-	Dekorativ san'at
Architetto	-	Arxitektor
Artistico	-	Badiiy
Astrattismo	-	Abstraksionizm
Autoritratto	-	Avtoportret
Capolavoro	-	Shoh asar
Catalogo	-	Katalog
Collezione	-	To'plam, kolleksiya
Colore	-	Rang
Copia	-	Nusxa
Dipingere	-	Chizish
Disegno	-	Chizma
Esporre	-	Ko'rgazmaga qo'yish
Famoso	-	Mashhur
Genere	-	Janr
Grafica	-	Grafika
Guida	-	Qo'llanma
Icona	-	Ikona, xristian diniga oid rangtasvir
Impressionismo	-	Impressionizm

Intarsio - O'yib ishlangan
Litografia - Litografiya
Maestro - Usta, maestro
Manifesto - Afisha
Miniatura - Miniatura
Modernismo - Modernizm
Mosaico - Mozayka
Mostra - Ko'rgazma
Natura morta - Natyurmort
Oggetto esposto - Eksponat
Olio - Mo'y
Originale - Asl
Paesaggio - Manzara
Paesaggio marino - Dengiz manzarasi
Paesaggio rurale/rustico - Qishloq manzarasi
Paesaggio urbano - Shahar manzarasi / landshafti
Pannello - Panel
Pinacoteca - San'at galereyasi
Pittore - Rassom
Pittoresco - Manzarali
Pittura - Rasm
Pittura di paesaggio - Peyzaj rasmi
Pittura di ritratto - Portret rasmi
Porcellana - Chinni
Quadro - Surat
Raffinato - Nozik
Realismo - Realizm
Riproduzione - Asar nusxasi
Sala - Zal
Schizzo - eskiz
Scultura - Haykal
Scuola - Maktab
Sfumatura - Soya
Stampa - Nashr
Storia - Tarix
Surrealismo - Surrealizm
Tela - Xolst
Unico - Yagona
Vetrata - Oyna

🌀 Parco, zoo - Istirohat bog'i, hayvonot bog'i

C'è uno zoo in questo città?	-	Bu shaharda hayvonot bog'i bormi?
Nei parchi c'è ...	-	Bog'larda ... bor
-la fontana	-	favvora
-il bar	-	bar
Area giochi per bambini	-	Bolalar o'yingohi
Com'è l'orario di apertura dello zoo?	-	Hayvonot bog'i qaysi soatlarda ishlaydi?
Quanto costa il biglietto per ...	-	... Uchun chipta necha pul turadi?
-un adulto?	-	Kattalar
-un bambino?	-	Bolalar
Allo zoo ci sono ...?	-	Hayvonot bog'ida ... bormi?
-le scimmie	-	maymunlar
-gli elefanti	-	fillar
-le giraffe	-	jiraflar
-gli orsi	-	ayiqlar

🌀 Divertimento, riposo - O'yin-kulgu, hordiq

Come trascorre il tempo libero?	-	Bo'sh vaqtingizni qanday o'tkazasiz?
Lei ha hobby?	-	Sevimli mashg'ulotingiz bormi?
Cosa Le piace fare di più?	-	Sizga nimani qilish ko'proq yoqadi?
Le piace la musica?	-	Sizga musiqa yoqadimi?
Che genere di musica Le piace?	-	Qaysi turdagi muqisani yoqtirasiz?
Quali cantanti italiani conosce?	-	Italyan hofizlaridan kimni bilasiz?
Lei suona qualche strumento?	-	Biror cholg'u asbobini chalasizmi?
Le piacciono i videogiochi?	-	Video o'yinlar yoqadimi?
Come si chiama questo gioco?	-	Bu o'yinning nomi nima?
Ci sono le piscine aperte al pubblico?	-	Ommaga ochiq hovuzlar bormi?
È permessa la caccia nel vostro paese?	-	Yurtingizda ov qilishga ruxsat berilganmi?

Che programma avete per questa sera?	-	Bugun kechga rejalaringiz qanday?
Ci sono le discoteche in zona?	-	Shu atrofda tungi klub mavjudmi?
Le piace ballare?	-	Sizga raqsga tushish yoqadimi?
Andiamo ...?	-	...ga boramizmi?
-alla sauna	-	Sauna
-in piscina	-	Hovuz
-in discoteca	-	Tungi klub
Si può prendere a nolo ...?	-	Ijaraga ... olsa bo'ladimi?
degli sci d'acqua	-	suv chang'isi
una barca	-	qayiq
una bici d'acqua	-	suv velosipedi
Mi piace collezionare ...	-	Men ... to'plashni yaxshi ko'raman.
-vecchie foto	-	eski suratlar
-francobolli	-	pochta markasi
-tappe/fasi del viaggio	-	sayohat qadamalari
-monete	-	tangalar
-cartoline	-	tabrik qog'ozlari
-distintivi	-	nishonlar
Mi piace viaggiare/leggere/sciare	-	Menga sayohat qilish/o'qish/toyish yoqadi
Di musica mi piace ...	-	Musiqadan ... yoqadi
-musica classica	-	Klassik musiqa
-popolare	-	ommabop
-rock	-	rok
-jazz	-	jaz
Io suono ...	-	Men ... chalaman
-la chitarra	-	gitara
-il pianoforte	-	pianono
-il violino	-	nay

Sport - Sport

Le piace jogging?	-	Sizga yugurish yoqadimi?
Andiamo a vedere una partita di calcio?	-	Futbol matchini ko'rishga boramizmi?

Dove si terranno le gare di ...?	-	... Musobaqasi qayerda bo'lib o'tadi?
-karate	-	Karate
-judo	-	Dzyudo
-pallanuoto	-	Suv polosi
-tennis	-	Tennis
-scacchi	-	Shaxmat
-corsa	-	Poyga
-corsa di cavalli	-	Otlar poygasi
Per quale squadra tifa?	-	Qaysi jamoaning muxlisisiz?
Chi ha visto (Lei)?	-	Kimni ko'rdingiz?
Che tipo di sport Le piace di più?	-	Qaysi sport turi sizga ko'proq yoqadi?
Chi ha segnato il gol?	-	Kim gol urdi?
Chi ha vinto?	-	Kim yutdi?
Qual'è il punteggio?	-	Natija qanday?

Vocabolario

Atleta	-	Sportchi
Badminton	-	Badminton
Ballare	-	Raqsga tushmoq
Barca	-	Qayiq
Battaglia	-	Jang
Bici nautici	-	Suv velosipedlar
Biliardo	-	Bilyard
Bowling	-	Bouling
Caccia	-	Ov
Calcio	-	Futbol
Campione	-	G'olib
Campionessa	-	G'oliba
Campo da tennis	-	Tennis maydoni
Campo di pattinaggio	-	Toyish maydoni
Capo	-	Ho'jayin
Casino	-	Kazino
Circolo/club	-	Klub
Collezionare	-	To'plamoq
Corsa	-	Poyga
Corse automobilistiche	-	Moshin poygasi
Corse di cavalli	-	Oy poygasi
Cricket	-	Kriket

Danza - Raqs
Discoteca - Tungi klub
Gara - Musobaqa
Giocatore - O'yinchi
Gioco - O'yin
Golf - Golf
Hockey - Xokkey
Membro di club - Klub a'zosi
Motoscafo - Motorli qayiq
Night club - Tungi klub
Nuoto - Suzish
Orto botanico - Botanika bog'i
Palestra - Sport zal
Pallavolo - Voleybol
Pallo - To'p
Parco - Bog'
Pareggio - Durang
Partita - O'yin
Passeggiata - Sayr
Pattinare - Muzda toymoq
Perdere - Yo'qotmoq, yutqizmoq
Perdita - Yo'g'otish, yutqizish
Pesca - Baliq ovi
Picnic - Piknik
Ping-pong - Pink-pong
Piscina - Hovuz
Prendere il sole - Quyoshda toblanmoq
Racchetta - Raketka
Risultato - Natija
Sauna - Sauna
Scacchi - Shaxmat
Sci - Chang'i
Sci nautici - Suv chang'isi
Sconfitta - Mag'lubiyat
Sfilata di moda - Modalar namoyishi
Solario - Solarium
Spiaggia - Plyaj
Squadra - Jamoa
Stadio - Stadion
Stecca - Cho'p

Surfing	-	Serfing
Tennis	-	Tennis
Tifare	-	Muxlislik qilmoq
Tifoso	-	Muxlis
Tiro a segno	-	Miltiq bilan otish
Trampolino	-	Tramplin
Trasgredire le regole	-	Qoidalarni buzmoq
Tribuna	-	Tribuna
Turismo	-	Turizm
Viaggiare	-	Sayohat qilmoq
Viaggio	-	Sayohat
Vincere	-	G'alaba qozonmoq
Vittoria	-	G'alaba
Wind surfing	-	Samol serfingi
Yacht	-	Yaxta
Zoo	-	Hayvonot bog'i

Contatti d'affari - Ishchi aloqalar

Informazioni generali - Umumiy ma'lumot

Buongiorno. Posso parlare con ...?	-	Assalomu aleykum. ... bilan gaplashsam bo'ladimi?
Vorrei vedere ...	-	... bilan ko'rishishni istayman
... è occupato?	-	... bandmi?
Sì, è occupato/occupata	-	Ha, band
È alla riunione	-	U kishi yig'ilishda
Mi potrebbe concedere 5 minuti?	-	Menga 5 daqiqa vaqtingizni ajrata olasizmi?
Possiamo parlare con Lei del contratto?	-	Siz bilan shartnoma haqida gaplashib olsak bo'ladimi?
Quando i documenti saranno pronti?	-	Hujjatlar qachon tayyor bo'ladi?
È fissato il giorno della firma?	-	Imzolash sanasi belgilandimi?
Sono qui per portare tutti i documenti accordati in precendenza.	-	Oldindan kelishilgan barcha hujjatlarni olib kelganman
Vorrei discutere le condizioni di pagamento	-	To'lov shartlarini muhokama qilib olmoqchiman

Vorremmo parlare del preventivo ricevuto	-	Olgan smetamiz borasida gaplashib olmoqchi edik
Il prezzo include anche la spedizione fino alla destinazione finale?	-	Bu narx, yakuniy manzilgacha yetkazilishini ham o'z ichiga olganmi?
Aspettiamo i documenti che accompagneranno la spedizione	-	Yuk bilan ketadigan hujjatlarni kutib turibmiz
I vostri prezzi sono un po' alti	-	Narxlaringiz biroz qimmat
Ci fate uno sconto?	-	Bizga chegirma qilasizlarmi?
Il pagamento deve essere fatto nell'arco di 10 giorni dalla firma dell'accordo	-	To'lov, shartnoma imzolangan sanadan 10 kun ichida amalga oshirilishi kerak
I prezzi per questo tipo di merci sono aumentati	-	Bu turdagi mahsulotlar uchun narxlar oshgan
I prezzi sono fissi fino alla fine dell'anno	-	Bu narxlar yilning oxirigacha deb belgilangan
Che sconto potete offrire?	-	Bizga qanday chegirma taklif etasizlar?
Possiamo fare lo sconto di cinque/dieci percento	-	Besh/o'n fozili chegirma taklif etishimiz mumkin
Quando potremo vederci per gli accordi definitivi?	-	Yakuniy kelishuvlar uchun qachon ko'risha olamiz?
Vorrei un appuntamento con ...	-	... bilan uchrashuv belgilamoqchi edim
Vorrei sapere se avete ricevuta la nostra email inviatavi ieri	-	Sizlarga kecha yuborgan elektron hatimizni olgan yoki olmaganlaringiz haqida bilmoqchi edim
Come sono i vostri tempi di risposta?	-	Odatda qanchada javob berasizlar?

Informazioni sull'azienda - Korxona haqida ma'lumot

Vorrei informazioni sulla vostra azienda	-	Korxonalarigniz haqida ma'lumot istayman
Chi è il vostro committente principale?	-	Asosiy mijozingiz kim?
Chi è il vostro fornitore più importante?	-	Asosiy yetkazib beruvchingiz kim?

Siamo interessati ad una collaborazione con voi	Sizlar bilan hamkorlik qilishni istaymiz
Vorremmo fare un contratto con la vostra ditta	Korxonangiz bilan shartnoma tuzishni xohlaymiz
In quali paesi esportate i vostri prodotti?	Mahsulotingizni qaysi davlatlarga eksport qilasizlar?
Facciamo affari con diverse ditte straniere	Turli chet el korxonalari bilan hamkorlik qilamiz
Noi ci occupiamo di tutta la filiera di produzione	Biz ishlab chiqarishning to'liq jarayoni bilan shug'ullanamiz
Il nostro principale fornitore dei macchinari per la produzione è ...	Ishlab chiqarish uskunalarimizni yetkazib beruvchi asosiy hamkorimiz...
Abbiamo i nostri dealer nei paesi come ...	... Kabi davlatlarda o'zimizning dilerlarimiz bor
Siamo pronti per entrare nei nuovi mercati	Yangi bozorlarga kirishga tayyormiz
Vorremmo discutere i termini di consegna	Yetkazib berish shartlarini muhokama qilishni istaymiz
Spedite i prodotti via terra/aerea/ferrovia?	Mahsulotlar ulov/samolyot/temir yo'l orqali yetkaziladimi?
Anche la materia prima è della nostra produzione	Xom ashyoni ham o'zimiz ishlab chiqaramiz
Noi siamo una ditta con la sua lunga storia e esperienza	Korxonamiz uzoq tarix va malakasiga ega
Siamo la terza generazione di produttori	Biz ishlab chiqaruvchilarning uchinchi avlodimiz
Nostri prodotti hanno la marcatura CE	Mahsulotlarimiz "CE - sifat belgisi"ga ega
I nostri prodotti sono ...	Bizning mahsulotlarimiz ...
DOC	Ishlab chiqarish hududi sertifikatlangan
DOCG	Ishlab chiqarish hududi sertifikatlangan va kafolanlangan
IGP	Ishlab chiqarish hududi himoyalangan

Discussione delle condizioni - Shartlar muzokarasi

La vostra merce corrisponde alla descrizione	-	Mahsulotlaringiz ta'rifiga to'g'ri keladi
I vostri prodotti soddisfano le nostre esigenze	-	Mahsulotlaringiz ehtiyojlarimizni qondiradi
Possiamo offrire la nostra merce alle seguenti condizioni contrattuali	-	Mahsulotlarimizni quyidagi shartlar asosisa taklif etishimiz mumkin
Nel complesso, la vostra proposta ci sembra accettabile	-	Umuman olganda, taklifingiz bizga to'g'ri keladi
Accettiamo le vostre condizioni	-	Shartlaringizni qabul qilamiz
Siamo pronti ad accettare la vostra offerta	-	Biz taklifingizni qabul qilishga tayyormiz
Che sconto potete offrirci per il primo ordine?	-	Birinchi buyurtma uchun qanday chegirma taklif eta olasiz?
Le vostre condizioni di spedizione non sono accettabili, noi abbiamo bisogno della spedizione DAP	-	Sizlarning yuborish shartlaringiz bizga to'g'ri kelmaydi, bizga DAP (xaridor yurtiga yetkazish) turdagi xizmat kerak
Abbiamo bisogno di ridiscutere le condizioni di pagamento	-	To'lov shartlarini qayta muhokama qilishimiz kerak
Abbiamo il servizio di assistenza post-vendita	-	Sotuvdan keyin yordam berish xizmatimiz mavjud
Quanto volete comprare?	-	Qancha miqdorda xarid qilmoqchisizlar?
Quando volete ricevere la merce?	-	Tovar qachon yetib borishi kerak?
È uno dei prodotti più richiesti in questo momento	-	Bu - hozirda eng talabgor mahsulotlardan
Quali sono i termini di consegna?	-	Yetkazib berish shartlari qanday?
Offrite il servizio di consegna?	-	Sizlarda yetkazib berish xizmati mavjudmi?
Vi rivolgete ad un spedizioniere?	-	Biror yuk yuborish korxonasiga murojaat qilasizlarmi?
Consegnate nei container - frigo?	-	Muzlatgichli konteynerda ham yetkazasizlarmi?
Chiediamo il 30% di anticipo	-	Bo'nak, avans

Potete concedere una dilazione del pagamento?	-	To'lov o'tkazishni biroz kechikishiga ruxsat berasizlarmi?
Possiamo consegnare questo ordine in due lotti(=partite)	-	Bu buyurtmani ikki partiyada yetkazishimiz mumkin
La merce deve essere consegnata entro 10 giorni	-	Tovar 10 kun ichida yetkazilishi shart
Non possiamo spedire l'ordine finché non riceviamo l'acconto	-	Avans kelib tushmagunicha, tovarni yebora olmaymiz
Il saldo non può ritardare di 15 giorni lavorativi	-	To'lovning qolgan qismi 15 ish kunidan kechikishi mumkin emas
In quali lingue si firmerà il contratto?	-	Shartnoma qaysi tilda imzolanadi?
Dobbiamo preparare una procura speciale	-	Maxsus ishonchnoma tayyorlashimiz lozim

Vocabolario

A rate	-	Bo'lib to'lash
Abbreviare/ridurre	-	Qisqartirmoq
Accrescere	-	Ko'paytirmoq
Affittare	-	Ijaraga olmoq
Affitto	-	Ijara
Affittuario	-	Ijarachi
Agenzia	-	Agentlik
Anticipo	-	Avans
Assortimento	-	Assortiment
Attivo	-	Faol
Azione	-	Aksiya
Bilancio	-	Muvozanat
Bilancio commerciale	-	Moliyaviy hisobot
Borsa	-	Birja
Borsa merci	-	Bozor qopi
Borsa valori	-	Birja
Cliente	-	Mijoz
Compensare	-	Qoplamoq
Compensazione	-	qoplash
Competitivo	-	raqobatbardosh
Compratore	-	mijoz
Condizione	-	Shart

Consumatore - Iste'molchi
Contanti - Qog'oz pul
Contratto - Shartnoma
Contratto di consegna - Yetkazib berish shartnomasi
Credito - Kredit
Danneggiare - Zarar yetkazmoq
Danneggiato - Zararlangan
Deficit - Kamomat
Deposito - Depozit
Devalorizzazione - Qiymat yo'qotish
Domanda - Talab
Esente da dazio - Bojxona to'lovidan ozod
Estendere - Kengaytirmoq
Fondi - Mablag'lar
Fornitura insufficiente - Ta'minotda kamomat
Gratis - Bepul
Impaccamento - Qadoqlash
Importo - Narx
Intermediario - Dallol, vositachi
Investire - Sarmoya kiritmoq
Investitore - Sarmoyachi
Lettera di credito - akkreditiv
Licenza - Litsenziya
Lotta/partita - partiya
Marchio di fabbrica - Savdo belgisi
Mercato - Bozor
Obbligazione - Majburiyatlar
Ordine - Buyurtma
Ordine di prova - Sinovli buyurtma
Pagamento - To'lov
Parte contrattuale - Shartnoma qismi
Partner - Hamkor
Perdita - Yo'qotish
Peso lordo - Yalpi og'irlik
Peso netto - Sof og'irlik
Prestito - Qarz
Prezzo d'acquisto - Xarid narxi
Prezzo di mercato - Bozordagi narx
Prezzo di produzione - Ishlab-chiqarish narxi
Produttore - Ishlab chiqaruvchi

Profitto	-	foyda
Profitto netto	-	Sof foyda
Pubblicità	-	reklama
Qualità	-	Sifat
Quantità	-	Son
Riscuotere i diritti	-	Huquqlarni talab qilmoq
Rivalutazione	-	Qayta baholash
Scaditare	-	Muddati o'tmoq
Sconto	-	Chegirma
Simile	-	O'xshash
Spedire	-	Yubormoq
Spedizione	-	Yuk yetkazish
Tassa	-	Soliq
Valuta	-	Valyuta
Valutazione	-	Baholash
Vantaggio	-	Naf
Vantaggioso	-	Nafli, foydali

Parole e espressioni utili - Foydali so'z va iboralar

Periodo, orario - Davr, soat

Mezzanotte	-	Yarim tun
Mezzogiorno	-	O'n ikki
Adesso	-	Hozir
Arriveremo in tempo!	-	Vaqtida yetib kelamiz!
Arriverò con cinque minuti di ritardo!	-	Besh daqiqa kechikib kelaman!
Cercate di non essere in ritardo!	-	Kechikmaslikka harakat qilingizlar!
Che data è oggi?	-	Bugun qanaqa sana?
Che giorno è oggi?	-	Bugun haftaning qaysi kuni?
Che ore sono?	-	Soat nechchi bo'ldi?
Circa le tre	-	Uch atrofida
Di giorno	-	Kunduzi
Di notte	-	Tunda
Domani	-	Ertaga
Dopodomani	-	Indin, ertadan keyin
Durante il giorno	-	kun davomida

È presto - Hali erta
È tardi - Kech bo'ldi
È troppo tardi - Juda kech bo'ldi
Fra ... - ...dan keyin
Fra ... giorni - ... kundan keyin
Ho poco tempo - Vaqtim kam
Ieri - kecha
Ieri l'altro - Kechadan oldin
Lei è in anticipo - Siz erta keldingiz
Mattina - Ertalab
Mi potrebbe dedicare cinque minuti? - Menga besh daqiqa bag'ishlay olasizmi?
Molto tempo fa - Ko'p vaqt oldin
Oggi - bugun
Oggi è ... - Bugun ...
Ogni giorno - Har kun
Poco fa - Biroz oldin
Prossima settimana - Kelgusi hafta
Questa settimana - Shu hafta
Scorsa settimana - O'tgan hafta
Sera - Kechqurun
Si affretti! - Shoshiling!
Sono le dieci e un quarto - Soat o'ndan o'n besh daqiqa o'tdi
Sono le due e mezzo - Soat ikki yarim
Sono le nove - Soat to'qqiz
Sono le sette meno dodici - O'n ikkitakam yetti
Sono le undici e venticinque - Soat o'n birdan yigirma besh daqiqa o'tdi
Subito - Hoziroq
Un anno fa - Bir yil oldin
Un momento! - Bir daqiqa!

Stagioni - Fasllar

Inverno - Qish
Primavera - Bahor
Estate - Yoz
Autunno - Kuz

Giorni della settimana - Hafta kunlari

Lunedì	-	Dushanba
Martedì	-	Seshanba
Mercoledì	-	Chorshanba
Giovedì	-	Payshanba
Venerdì	-	Juma
Sabato	-	Shanba
domenica	-	Yakshanba

Mesi dell'anno - Oylar

Gennaio	-	Yanvar
Febbraio	-	Fevral
Marzo	-	Mart
Aprile	-	Aprel
Maggio	-	May
Giugno	-	Iyun
Luglio	-	Iyul
Agosto	-	Avgust
Settembre	-	Sentabr
Ottobre	-	Oktabr
Novembre	-	Noyabr
dicembre	-	Dekabr

Previsioni - Ob-havo ma'lumoti

Che tempo fa oggi?	-	Bugun ob-havo qanaqa?
Fa caldo	-	Issiq
Si sta bene	-	Yoqimli havo
È fresco	-	Salqin
Fa freddo	-	Sovuq
Si gela	-	Muzlatadi
Piove	-	Yomg'ir yog'moqda
Piove a secchio	-	Yomg'ir sharros quymoqda
Nevica	-	Qor yog'moqda
Nuvoloso	-	Bulutli
Bel tempo	-	Yaxshi havo
Brutto tempo	-	Yomon havo
Oggi tira vento	-	Shamol esmoqda
Fra poco piove	-	Ha demay yomg'ir boshlanadi
Sono bagnato fradicio	-	Ust-boshim jiqqa ho'l

Espressioni utili - Foydali iboralar

A dire la verità	-	Rostini aytganda
A proposito	-	Aytgancha
Così, per dire	-	Shunchaki, aytdim-qo'ydim
Difatti	-	Aslida
Dipende	-	Bog'liq
E così via	-	Va hokazo
In breve	-	Qisqa fursatda
In caso	-	Agar kerak bo'lsa
In fine	-	Oxirida
In generale	-	Umumiy olganda, umuman olganda
Per di più	-	Bundan tashqari
Per lo più	-	Asosan
Per ogni eventualità	-	Har ehtimolga qarshi
Pertanto	-	Shuning uchun
Primo	-	Birinchidan
Secondo	-	Ikkinchidan
Secondo me	-	Menimcha
Secondo ... (opinione di qualcuno)	-	...ning fikricha

Posizione - Joylashuv

Dove (si trova)?	-	Qayerda (joylashgan)?
Qui	-	Bu yerda
Là	-	Anavi yerda
Dietro l'angolo	-	Burchak ortida
Nella via parallela	-	Parallel ko'chada
Vicino	-	Yaqin
Lontano	-	Uzoq
Dappertutto	-	Hamma yerda
Da nessuno parte	-	Hech qayerda
Vicino a ... (albergo/ufficio/casa/poste)	-	..(mehmonxona/idora/uy/pochta)ga yaqin
Sulla destra	-	O'ngda
Sulla sinistra	-	Chapda
Alla sinistra di ...	-	... chapida
Dove ci incontriamo?	-	Qayerda ko'rishamiz?

Nella piazza	-	Maydonda
All'incrocio	-	Chorrahada
Al secondo incrocio	-	Ikkinchi chorrahada
Alla fermata del bus (tram/metro/stazione)	-	Avtobus (tramvay/metro/vokzal) bekatida
Dove lui(lei) ci aspetta?	-	U bizni qayerda kutadi?
Dove loro ci attendano?	-	Ular bizni qayerda kutishadi?

🎨 Direzione - Yo'nalish

In uzbeco, come anche in altre lingue agglutinanti, non esistono le preposizioni e queste vengono tradotte con suffissi degli oggetti, avverbi e aggettivi della frase. Per quanto riguarda la direzione, si usano due semplici suffissi:

-ga, per indicare la direzione: uy<u>ga</u> - <u>a</u> casa
-da, per indicare la posizione: uy<u>da</u> - <u>dentro</u> la casa.

🎨 Numeri cardinali - Sanoq sonlar

0 zero	-	Nol
1 uno	-	Bir
2 due	-	Ikki
3 tre	-	Uch
4 quattro	-	To'rt
5 cinque	-	Besh
6 sei	-	Olti
7 sette	-	Yetti
8 otto	-	Sakkiz
9 nove	-	To'qqiz
10 dieci	-	O'n
11 undici	-	O'n bir
12 dodici	-	O'n ikki
13 tredici	-	O'n uch
14 quattordici	-	o'n to'rt
15 quindici	-	O'n besh
16 sedici	-	O'n olti
17 diciasette	-	O'n yetti
18 diciotto	-	O'n sakkiz
19 dicianove	-	O'z to'qqiz
20 venti	-	Yigirma
21 ventuno	-	Yigirma bir

30 trenta	-	O'ttiz
40 quaranta	-	Qirq
50 cinquanta	-	Ellik
60 sessanta	-	Oltmish
70 settanta	-	Yetmish
80 ottanta	-	Sakson
90 novanta	-	To'qson
100 cento	-	yuz
110 centodieci	-	Bir yuz o'n
200 duecentro	-	Ikki yuz
300 trecento	-	Uch yuz
400 quattrocento	-	To'rt yuz
500 cinquecento	-	Besh yuz
600 seicento	-	Olti yuz
1000 mille	-	Ming
2024 duemilaventiquattro	-	Ikki ming yigirma to'rt
1984	-	Bir ming to'qqiz yuz sakson to'rt
millenovecentoottantaquattro		
1000000 Un milione	-	Bir million
2000000000 due miliardi	-	Ikki milliard
mezzo	-	Yarim
Un terzo	-	Uchdan bir
Due terzi	-	Uchdan ikki
Tre quarti	-	To'rtdan uch
Un quinto	-	Beshdan bir
Doppio	-	Ikki barobar
Triplo	-	Uch barobar
quadruplo	-	To'rt barobar
0,7	-	Nol butun, o'ndan yetti
1,507	-	Bir butun, mingdan besh yuz yetti

Numeri ordinali - Tartib sonlar

Per fare i numeri ordinali, in uzbeco si aggiunge la desinenza "inchi":

Primo	-	Birinchi
Secondo	-	Ikkinchi
Terzo	-	Uchinchi
Quarto	-	To'rtinchi

Quinto	-	Beshinchi
Decimo	-	O'ninchi
Ventiduesimo	-	Yigirma ikkinchi
Quarantaquattresimo	-	Qirq to'rtinchi
Centocinquantasettesimo	-	Bir yuz qirq yettinchi
in Primis	-	Birinchi o'rinda

Colori - Ranglar

A colori	-	Rangli
Monocolore	-	Bir rangli
Scuro	-	To'q
Chiaro	-	Och
La sfumatura più chiara	-	Ochroq tusdagi
Bianco	-	Oq
Grigio	-	To'q kulrang
Nero	-	Qora
Argenteo	-	Kumushrang
Dorato	-	Tillorang
Azzurro	-	Moviy
Beige	-	Kulrang
Arancio	-	To'q sariq
Blu	-	Ko'k
Celeste		Havorang
Cremisino	-	Qirmizi
Giallo	-	Sariq
Lilla	-	Och binafsharang
Marrone	-	Malla
Porporino	-	Siyohrang
Rosa	-	Pushti
Rosso	-	Qizil
Scarlatto	-	Qip-qizil
Turchese	-	Billur
Verde	-	Yashil
Violetto	-	To'q binafsharang

🌐 Insegne e scritte - Yo'l belgilari va yozuvlar

AFFITTO	-	IJARA
ALBERGO	-	MEHMONXONA
APERTO	-	OCHIQ
ASCENSORE	-	LIFT
ATTENTI AL CANE	-	ITDAN EHTIYOT BO'LING
ATTENZIONE	-	DIQQAT
CAMBIO VALUTA	-	PUL AYRBOSHLASH
		SHAXOBCHASI
CASSA	-	KASSA
CHIUSO	-	YOPIQ
FARMACIA	-	DORIXONA
FERMATA DI AUTOBUS	-	BEKAT
FUORI SERVIZIO	-	ISHDAN CHIQQAN
GIU'	-	PASTGA
IL PASSAGGIO è CHIUSO	-	O'TISH JOYI YOPIQ
INCROCIO	-	CHORRAHA
INFORMAZIONI	-	MA'LUMOT
INGRESSO	-	KIRISH
INGRESSO GRATUITO	-	KIRISH BEPUL
INTERNET POINT	-	INTERNET MARKAZI
METROPOLITANA	-	METRO
NON BUTTARE PER TERRA	-	AXLAT TASHLAMANG
NON FUMARE	-	CHEKISH TA'QIQLANADI
OCCUPATO	-	BAND
PARCHEGGIO	-	AVTOTURARGOH
PERICOLO	-	XAVF
PROPRIETA' PRIVATA	-	XUSUSIY HUDUD
RISERVATO	-	BAND QILINGAN
SALDI	-	CHEGIRMA
SCALA	-	ZINA
SIGNORE	-	XONIMLAR
SIGNORI	-	JANOBLAR
SPINGERE	-	ITARING
SU	-	TEPAGA
TIRARE	-	O'ZINGIZGA TORTING
UFFICIO POSTALE	-	POCHTA IDORASI
USCITA	-	CHIQISH
USCITA DI EMERGENZA	-	FAVQULOTDA CHIQISH
VENDITA	-	SAVDO
VIETATO ENTRARE	-	KIRISH TA'QIQLANADI
WC, BAGNI	-	XOJATXONA